近代日本 公娼制の政治過程

「新しい男」をめぐる攻防・佐々城豊寿・岸田俊子・山川菊栄

関口すみ子
SEKIGUCHI Sumiko

白澤社

まえがき

すでに久しくなる「慰安婦」論争の中で、「日本には公娼制度があった」、「慰安所は当時の遊廓のようなものだった」、「自由意思による売春だから（つまりカネを払っているのだから）問題はなかった」という言辞が繰り返されたことは記憶に新しい。そこでの前提は、遊廓は合法的な商売であった、娼妓は自分の意思でその仕事に就いているのだから問題はない、ということである。

だが、日本（大日本帝国）では、「公娼制度」は始めから終わりまで一貫して問題であった。少なくとも、反対の声を挙げる人々が一部にはずっと存在していたのである。そして、ついに、帝国議会に公娼制度廃止法案が上程されて、大論争となる。こうした事実はご存じだろうか。本書の前半（第一章「近代日本における公娼制の政治過程」）は、こうした、埋もれてきた、少なくとも〝教科書に載ってない〟歴史に光をあて、「公娼制をめぐる政治過程」を明らかにしようとするものである。

本書の後半は、三人の人物についての論考から成っている。佐々城豊寿《ささきとよじゅ》・岸田俊子《としこ》（中島俊子）・山川菊栄がそれである。

なかでも、岸田俊子と佐々城豊寿は、拙著『管野スガ再考――婦人矯風会から大逆事件へ』以来の、フェミニストや女性運動家の再検討・見直しの試みの一環である。

思想史・女性史の研究にたずさわって久しいが、「日本女性史」（と一般にみられる領域。なかでもとくに「近代」）に関わる研究をしていて残念に思うことがある。名高い、あるいは重要な女性運動家に関して、史料に基づいた研究が思いのほか乏しいのである。他方で、史料で裏付けられない、さらには、反するような〝通説〟が流布していることが珍しくない。

管野須賀子《すがこ》に関して言えば、元夫で、社会主義の同志でもある荒畑寒村《かんそん》が描いた「管野スガ」像が敗戦・占領期に広がった。だが、これは実際の管野の姿をゆがめるものであり、ひいてはこれが研究の進展を阻害している一因であると『管野スガ再考』で論じた。だが、岸田俊子や佐々城豊寿についても、同様とまでは言わないまでも、同種のことが言えるのである。

第三章の岸田は、日本におけるフェミニストの嚆矢《こうし》と目される明治時代の人物である。俊子に関しては、論説「同胞姉妹に告ぐ」を中心に論じられてきた。これは民権期の自由党の大衆紙『自由燈《じゆうのともしび》』で連載され、女性自身が「男女同権」を要求したと評価の高い論説である。他方、俊子が、自由党の副議長も務めた中島信行と結婚した後は、概して評価が低い。だが、「同胞姉妹に告ぐ」は俊子によるものではないというのが筆者の得た結論である。同時に、初代衆議院議長の支え手として、日記（「湘煙日記《しょうえんにっき》」）も遺したこの時期が、つまり、「中島俊子」時代が、軽視されてきたことは重大な問題である。しかも、こうした眼差しの起点は、「同胞姉妹に告ぐ」が称揚された敗戦・占領期に、中島との結婚以後が「転向」とみなされたことにあるのである。

この見方は俊子の人生を恣意的に二分するものであり、しかも、その際、俊子が、演説「函入娘《はこいりむすめ》」に加えられた弾圧を機に〝前半〟から〝後半〟へ移行したとみなすものである。そこで、この演説に対する弾圧の性質と、これに対する俊子の対応の仕方を探ることによって、敗戦・占領期につくられたこうした岸田俊子像を越えていくことにしたい。

第二章の「佐々城豊寿」という名はなじみが薄いかもしれない。が、クリスチャンの女性として、公娼制に反対して「娼妾の全廃」を掲げ、「東京婦人矯風会《きょうふうかい》」旗揚げ、さらに、「婦人白標倶楽部《はくひょうくらぶ》」旗揚げの主力となった人物である。だが、彼女についての研究もなかなか進んでいない。

総じて、この時期の日本で女性の権利を主張することは、周囲（なかでも比較的身近にいた男性陣）からさえ、誹謗中傷にさらされかねなかったと言ってよい。いうなれば、「雌鳥よ、夜明けを告げるな」、である。岸田も佐々城も、存命中からかなりの誹謗中傷が流布している。管野須賀子については言うまでもない。

問題は、それが批判的に再検討されずに、こうしたイメージを今日まで引きずっていることである。少なくとも、払拭されてはいない。そうしたことも一因となって、一般的な「歴史」叙述では岸田も佐々城も比較的無名に近いところに押し込められているわけであるが、いざ研究しようという段になると、ややもすれば、既存の思考枠組や言説に乗って、誹謗中傷の類をひきずることになりかねないのである。

むろん、言説や思考枠組は、それなりの力（現在の構造・歴史の蓄積）によって支えられているわけであるから、それを修正するのはそう容易なことではない。とはいえ、多いとは言えないにせよ、遺された史料が存在するのであるから、それを元に探ることは可能である。

公娼制の政治過程と岸田俊子（中島俊子）や佐々城豊寿が交差する場は、「第一議会」をめぐる攻防である。第一議会では、公娼制自体が議題にのぼったわけではないが、衆議院では、女性に政治活動を禁止する集会及政社法をめぐって、植木枝盛《うえきえもり》が内務省警保局長（清浦奎吾《きようらけいご》）を激しく批判し、その改正案が可決されたのである（一八九一（明治二十四）年三月一日。貴族院で審議未了）。

すでに国会開設に先立って、一八八九年七月五日には東京婦人矯風会が、七〇〇余名の署名をもって「一夫一婦制の刑法及民法に対する建白書」を元老院に提出していた。建白書の草案は、佐々城豊寿と交流のあった植木枝盛が書いた。七月十八日には横浜海岸教会で、『女学雑誌』と明治女学校を担う巌本善治《いわもとよしはる》と、フェリス女学校生え抜きの島田かしの結婚式が行なわれた。結婚式の招待状は、証人となる中島俊子、中島信行の夫婦から出されている。このような過程を経て、公娼制や女性の排除に抗する民権派の一部とクリスチャンの一部（なかでも同等を求める女性）が重なってきたとみられる。「民法出デヽ忠孝亡ブ」のかけ声で民法典論争が始まる他方で、〝大同団結〟の展望がほの見えてきたと言っても過言ではない。

だが、第二議会終了後の第二回総選挙（一八九二年二月）では、中島信行（神奈川県五区選出）自身が、神奈川県下の事情（「壮士」の暴力等）から出馬を辞退せざるを得なくなる。これに、激烈な選挙干渉、植木の急死（同年一月）等が重なり、男女の同等や廃娼を国会で争う道は突然見えなくなるのである。つまり、女性という観点からすれば、第一（及び第二）議会とそれ以後とでは断絶があるのである。岸田俊子と佐々城豊寿は、従来曖昧にされてきたこうした状況を明らかにしていくうえで、欠かせない人物である。

第四章の山川菊栄は、公娼制が定着した社会が子どもの目にはどう映ったか、子どもはどう思ったかという問題を、大人になった子どもの声（自叙伝など）から探る試みである。

菊栄は、後年の著書『おんな二代の記』で母と自分の来し方を語っているが、なかでも「少女のころ（明治後半）」の章には、怒れる娘・菊栄とでも言える、若き菊栄の姿がある。

一家は東京・麹町区に住んでおり、隣に住んでいた祖父・青山延寿は「御一新」前は水戸の弘道館の学者であり、菊栄の父も官僚畑の人であった。こうしたことから、菊栄は中上層の出身であると通常はみられている。だが、じつは、父が事業熱から高利貸しに借金を重ね、しかも、ほとんど家を留守にしていたため、残された〝女子供の家〟をねらって高利貸しが押し寄せるという状態だったのである。ちょうど高等小学校一年の時、娼妓の「自由廃業」が始まった。それを新聞で追っていた菊栄は、〝借金で売り飛ばされる〟少女たちの運命が他人事とは思えなかったはずである。やがて菊栄の目に、こうした状況に子どもを追い込む、公娼制を容認する社会・国家という大きな仕組みがはっきりと見えてくるのである。

凡例

一、引用文中の旧漢字および変体がなは通用の字体に改めた。

一、引用に際して、ふりがなを付したり省略した箇所がある。また、ふりがなは現代仮名遣いとした。

一、本文中の引用および参照文献・論文等を略記したものについては各章の注で示した。

近代日本公娼制の政治過程——「新しい男」をめぐる攻防・佐々城豊寿・岸田俊子・山川菊栄

▼▲
目次

近代日本公娼制の政治過程――「新しい男」をめぐる攻防・佐々城豊寿・岸田俊子・山川菊栄◆目次

▼第一章　近代日本における公娼制の政治過程

――「新しい男」をめぐる攻防

はじめに——政治学と公娼制

政治学で欠落しているものに「公娼制」の問題がある。歴史学において公娼制が一大テーマを成しているのと対照的である。つまり、通常「政治学」とされる研究分野・研究者において、公娼制に関わる研究が極めて少ないのである。なかでも、政治学のカノンと目される思想家とその作品に関する研究においては、ほぼ手つかずのままと言ってよい。言い換えれば、公娼制の成立過程、論争、その推移、国際情勢・政局との関係等は、未だ政治学の知見を充分に活かして解明されてはいない。だが、本稿で論じるように、公娼制は決して日本政治の末端の問題ではない。むしろ、日本に関する政治学という学問領域において、公娼制をめぐる政治を、末端へ——さらに圏外へ——追いやってきたと言うほうが妥当であろう。

近代日本が徳川家支配（江戸時代）から引き継いだ公娼制をめぐっては、まず、開国・維新時、岩倉使節団米欧派遣中のいわゆる留守政府が、マリア・ルス号事件裁判の衝撃の中で「芸娼妓解放」に踏み切った。だが、使節団帰国後の政府は、公娼制存続の国際政治上のリスクを承知していたにも関わらず、「芸娼妓解放令」を事実上空文化し、「身売り」の実態に手をつけないまま、公娼制を国の管轄からはずして（地方の管轄に移して）近代的に再編する道をとったのである。

この状況下で、娼妓自身が「廃業」を争って裁判を起こした。大審院は、差し戻しに踏み切らざるを得ず、「身体ノ拘束ヲ目的トスル契約ハ無効」とする判決が確定した（一九〇〇年二月）。さらに、五月には、名古屋地裁で、娼妓稼業契約は民法第九〇条の公序良俗違反に該当し無効であるとする判決が出た。つまり、法律上一大焦点となったのである。さらに、「自由廃業」する娼妓の救出をめぐる激しい乱闘が新聞で連日報じられ、社会問題となった。

同時に、大日本帝国はその拡張とともに各地に公娼制を敷いたから、日本が国際連盟に加入した翌年の一九二一年に「婦人及児童ノ売買禁止ニ関スル国際条約」が締結されると、公娼制は国際的な問題となり、日本にとって極めて深刻な国際政治上の問題となる。

帝都東京では、『青鞜』（一九一一年九月創刊）に拠る女性たちの登場により、「新しい女」が謳われた。だが、翌年、彼女らが吉原を訪ねると、「新しい女」の「吉原登楼事件」に仕立て上げられ、袋叩きにあう。

逆風の中でも『青鞜』は、「姦通」処罰の二重基準（妻のみの「姦通罪」）等に反旗を翻し、平塚明《はる》子《こ》（らいてう）は、「私共はこんな無法な、不条理な制度に服して迄《まで》も結婚しやうとは思いません。妻とならうとは思ひません」と、民法・刑法とその下での結婚を敢然と拒否した（「世の婦人達に」『青鞜』一九一三年四月）。青鞜社解体（一九一六年二月頃）後、平塚は、婦人会関西連合大会（『大阪朝日』が主催、一九一九年十一月）の席上で講演し、そこで「新婦人協会」の設立趣意書を配布した。以後、同婦人会は、西日本で会員三〇〇万人を擁する「全関西婦人連合会」（全婦）へと発展していき、他方、新婦人協会は、女性の政治活動を禁止する治安警察法第五条の改正、花柳病男子の結婚制限、衆議院議員選挙法改正の請願を両院へ提出する（一九二一年一月）。

こうした女性の声を背景に、一九一九年設置の臨時法制審議会では、刑法と民法による「妻のみの姦通罪・妻のみの離婚事由としての姦通」体制をめぐって論争が勃発する。これと並行して、大審院は、「夫ニモ貞操ノ義務ガアル」と決定・判決した（「男子貞操義務判決」、一九二七年中間決定）。さらに、同年末、臨時法制審議会の「民法改正要綱」が発表され、離婚原因に「夫ガ著シク不行跡ナルトキ」が加えられた。

以上の動きは、二〇世紀初頭の日本における男性セクシュアリティの転換（少なくとも再考）・それをめぐる攻防という文脈で見ることができる。同時に、それは、より長期的には、近代日本における「新しい男」――公娼制と縁を切った――をめぐる辛抱強い攻防の一局面なのである。

1　近代日本と公娼制――「身売り」の存続と近代化

大日本帝国は、江戸時代から続く「身売り」に手をつけないまま、近代国家の公娼制として再編する道を選んだ。

とはいえ、「御一新」（明治維新）で人身売買はあらためて厳禁されて、「娼妓芸妓等年季奉公人」は「解放」された（太政官達第二九五号。一八七二（明治五）年十月）はずである。

ところが、やがて、区画を区切って許可していた各地の遊廓（と、そこに女性を送り込むシステム）は解体しないまま、本人の意志に基づいて「娼妓稼業」を許すという新たな体制、より具体的には、警視庁・地方官が、検黴《けんばい》を課して鑑札を発行し、娼妓を一人一人登録して管理するという体制が作られたのである。つまり、御一新後の新体制で、法的には自由な意志をもった営業者と位置づけられ、実態としては、鑑札を交付する警察の管理下におかれて、「貸座敷」（遊廓の新たな名）で「娼妓稼業」をする、つまり、「身を売る」——そこに行けば男たちが「買う」ことができる——「娼妓」（「公娼」）という存在が誕生したのである。

言い換えれば、近代日本で成立した公娼制の著しい特徴は、江戸時代から引き継いだ事実上の人身売買と身柄の拘束であり、しかも、このような仕組みの後ろ盾に「公」が本格的になったことである。つまり、近代日本の公娼制とは、徳川家支配下（江戸時代）の慣行・社会制度を——廃止するのではなく——基本的に継続したまま、検黴制、法制・呼称等の点で近代化・合理化をはかったものに他ならない。

その慣行・社会制度とは、「身売り」という言葉で表現される、社会の各行為者による一連の行為である。すなわち、娘の「身売り」（ないしは、娘を「借金のカタに取る」）、「売られた」女がある場所で「身を売る」、男たちが「女を買う」という——売買や抵当の用語で表される——行為群である。また別の言い方をすれば、その核心とは、「前借金」、つまり、「前借りしている」（金を受け取っている）ことを理由にした身心の束縛と、ある空間で「業者」が強いる（「客」との）性行為である。この性行為は、「働いて返す」ためのものなのであるが、働いても、働いても、「借金」が減らない、それどころか増える、その結果、契約書に明記された「年季」が有名無実となり、「年季が明ける」（「年が明ける」）見込みがなくなることが少なくなかった。すなわち、その性行為は、仕事（「稼業」「営業」）として公に認められているのであるが、実態は人身売買（「売られた」）と大差ない[1]。

このように、将来の性売買（具体的には女そのもの）を担保とした「借金」（実態は人身売買に近い）を「公」が承認し、同時に、拘束下での性売買による「借金の返済」を正当な労働（「稼業」）によるものと認定したのである。つまり、こうした二重の倒錯が近代国家に組み込まれたわけである。

同時に、貸座敷業者と娼妓との間で交わされる「結約《けつやく》証書」（洲崎《すさき》遊廓）等の「証書」は、江戸時代の奉公人請状《うけじょう》を踏襲した候文の書式を活版印刷したものに他ならない。つまり、親への支払いで縛った江戸時代の「奉公」（わけても身売り「奉公」）が、娼妓に関しては手を加えて（司法の介入なく）生き残り、しかも、（廃止どころか）「公」認されたのである。

このように、「公娼」とは、概して、実態としての「身売り」の制度化であった。当然のことながら、その後も「身売り」という言葉が消えることはなかった。経済状態が悪化すれば、娘たちが引き続き「売られた（買われた）」、ないしは、「借金のカタに取られた」、あるいはまた、「娼妓稼業によって」（すなわち「身を売って」）借金を返す義務を自ら引き受けたからである。

以上のように、明治という時代には、女が恥辱にまみれた時代としての側面がある。資本主義の本格化とともに、女が借金のカタに合法的に売り飛ばされる時代である。男たちから見れば、女は

「買える」もの（買うもの）である。江戸時代との継続性はある（「身売り」）が、大きく異なる点は、男たちは、国の後ろ盾で――全国的にほぼ一律に、ある程度安全に、廉価で安心して――女を「買える」ようになったということである。つまり、（男なら）誰でも、手軽に女を（しかも、一応「検査」済みの女を）買えるようになったのである。その上、「公」娼、すなわち、お上が認めているものだからと、自分の行為を正当化できる。さらに、娼妓と貸座敷からの税金は地方に還元されたことからすれば、地方財政への貢献にもなる。つまり、「公」認は、男たちにモラル上の価値も配分したのである。

2　「文明国」と「人身売買」

「身売り」の慣行と制度は、近代国家の理念に反し、「文明」を自負する列強が率いる国際社会で通用しないのではないか――こうしたことは、ごく一部では自覚されていた。

一九世紀中葉から後半、イギリスを筆頭として西洋では、進歩と文明の観念が熱烈に受け入れられていた。進歩とは、文明状態（civilisation）への進歩であり、また、その行程を文明化（civilisation）と言うこともできる。世界の諸民族（nation, race）はそれぞれに文明への進歩の階段を上っていくものとされ、その先頭に、自分たち、つまり、イギリスを筆頭とする西洋が君臨するとされたのである（関口 1999:8）。[2]

その際、力の上で弱者とされる女性の地位は、その社会の文明度を測るわかりやすい指標と見なされた。文明とは基本的には、力の論理からの脱却だったからである。つまり、西洋列強は、西洋における女性の地位を、西洋が文明であるあかしとする一方で、一夫多妻制やトルコのハーレム、中国の纏足などを、女性を抑圧するものとして、これらの国が文明に達していないあかしとしたのである。

オールコックの『大君の都』

注目すべきことに、大英帝国の初代駐日公使オールコック（Rutherfort Alcock）が、『大君の都』（*THE CAPITAL OF THE TYCOON : A Narrative of a Three Years' Residence in Japan*, 1863）で、日本にこのことを突きつけていた。一八四三年にアモイの領事館に勤務して以来、中国各地のイギリス領事を歴任していたオールコックは、一八五九年に初代駐日総領事・公使として来日し、帰国後、この書を世に問うたのである。

そのなかで、日本では「父親が娘に売春させるために売ったり、賃貸ししたりして、しかも法律によって罪を課されないばかりか、法律の許可と仲介をえているし、そしてなんら隣人の非難もこうむらない」、「日本では人身売買がある程度行われている。なぜなら、娘たちは、一定の期間だけではあるが、必要な法律形式をふんで、売買できるからである。少年や男についてもそうであろうとわたしは信じている」と「人身売買」を批判していた。

同様に、「合法的な蓄妾制度のある国で、どうして家庭の神聖さを維持できるものか、わたしにはわからない。しかもこの神聖さがなければ、国家的成長と威厳や国家的進歩と文明の基礎は、欠けているか侵されているにちがいない」と、「蓄妾制度」を批判していた。(3)

さらに、男女が同数であることを、一夫一婦制の根拠としてあげ、「この偉大な根本的な法則が破られる度合に正比例して、この法則を犯す国民が最高の文明に到達することはますます不可能になってくるのである」と言明していたのである（関口 2005:268-269）。

このように、他ならぬオールコックが、文明国の元は夫婦（一夫一婦制）であり、妾の制度は認めがたく、人身売買は論外であると突きつけていた。他方、アメリカ合衆国では奴隷解放宣言（一八六三年）、ロシアでは農奴解放令（一八六一年）が出されていた。言い換えれば、「文明国」の仲間入りをするためには、人身売買や遊廓制度、妾制度を何とかしなければならないのではないかという自覚は、留学生をはじめ日本の一部にははっきりとあったのである。

津田真道の「人ヲ売買スルコトヲ禁スヘキ議」

幕末に四年近くオランダに留学していた津田真道《つだまみち》（真一郎）（刑法官権判事）は、早くも一八六九（明治二）年三月、人身売買の禁止を太政官に建議した（「人ヲ売買スルコトヲ禁スヘキ議」）。その内容は、「牛馬ニ同シウスルモノ」である「奴婢」は消失しつつあるとはいえ、「年季中ハ牛馬同様ナルモノ」である「娼妓」が今なお残っている、この「娼妓」をなくすために人の売買を禁止したい、ただし、娼妓はまだなくすわけにはいかないから（「尤《もっとも》娼妓ヲ無クスルコトハ未ダ出来ヌコトナレバ」）、遊廓はそのままにして、娼妓が、西洋諸州のように「所謂地獄売女」（自売の遊女、私娼）同様に振る舞えばよいというものである。

言い換えれば、性売買政策として、「身売り」をなくして西洋並みにすればよいと建議したのである。『新聞雑誌』第十号（一八七一年八月）にも、同趣旨の説が、「近頃海外ヲ遊歴シテ帰リタル人ノ話」として掲載されている。外国の遊女は人から強制されてではなく自ら性売買する――「外国遊女ハ淫婦若クハ貪婦自ラ求メテ之ヲ為スコトニテ、他人ヨリ強イルニ非ズ。又男子ノ之ヲ養ヒ家業ト為ス者ナシ（句読点引用者）」、官府はしばらくこれを「黙許」している――が、日本では父・兄や夫に売られて妓となる者があり、「表向ハ年季奉公ナド、称スレドモ、畢竟売奴ニ異ナラズ」、この甚だ不体裁な悪習を改める必要があるというものである。すでにこの頃には、一部とはいえこうした説が広まっていたのである。(4)

以上のように、男たち（知識人・政治家）は――自分たちが西洋で見てきたように――「自売」の遊女にすればよいだろうと考えたのである。同時に、その多くは、（人身売買の終着点としての）遊廓そのものの解体が問題になるとは考えなかったのである。

新律綱領――「人ヲ略売シテ娼妓トスル」罪

一八七〇（明治三）年十二月頒布の新律綱領《しんりつこうりょう》（全一九二条）では、賊盗律中に「略売人」の条が設けられた。それは、娼妓に略売する罪から始まる（「凡《およそ》人ヲ略売シテ娼妓トスル者ハ、成否ヲ論セズ、皆流二等、妻妾奴婢トスル者ハ徒二年半」）。人をかどわかして娼妓に売り飛ばすことを固く禁じたのである。

マリア・ルス号事件の裁判

「身売り」が人身売買禁止という文明社会の基準に抵触し、非難されるのではないかという恐れは、マリア・ルス号事件の裁判過程で現実の悪夢となる。なお、明治四年十月（一八七一年十一月）には、条約改正を念頭に、岩倉具視（右大臣）・木戸孝允（参議）・大久保利通（大蔵卿）・伊藤博文（工部大輔）をはじめとする岩倉使節団が大挙して米欧に旅立ったから、処理にあたったのは、井上馨（大蔵大輔）を軸とするいわゆる留守政府（太政官正院は三条実美・西郷隆盛・板垣退助・大隈重信）である。

明治五年六月四日（一八七二年七月九日）、ペルー国籍のマリア・ルス号が、暴風雨にあって横浜港に避難してきた。乗せられていた清国人（苦力《クーリー》）の一人（木慶）が逃げ出して、イギリス軍艦に保護され、日本に引き渡された。いったん船に戻ることになったが、船内での拷問をイギリス代理公使R・G・ワトソンが確認し、日本が処断するように外務卿副島種臣に強く働きかけた。ペルーとの間に外交関係はなく、しかも、介入は慶応三年十月（一八六七年十月）に結ばれた横浜の居留地取締規則（第四条）に抵触するのではないかという問題があった。だが、副島の主導で、日本は、結局、この事件を審理することになる。

なお、日本史研究者（英語圏）のダニエル・V・ボツマンによれば、ワトソンが副島に強く働きかけた背景には、個人的な感情にとどまらず、他ならぬ英国が主導していた苦力貿易（清国人契約労働者売買）が、悪名高い大西洋奴隷貿易と並び称されて奴隷制廃止論者から非難の的となってきたため、その合法性に関して容易に異議を差し挟めないような法的枠組みを作るという英国自身の目論見があったとみられる(5)。

七月一日、大江卓が裁判長に任命された。なお、大江を神奈川県参事に招いたのは県令陸奥陽之助（宗光）であったが、陸奥は、領事裁判権の問題から、司法卿江藤新平とともに神奈川県が裁判を担当することに反対しており、六月十八日県令を離任していた。かわって、大江が神奈川県権令《ごんれい》に任命される。

日本史研究者の森田朋子によれば、七月四日（八月七日）、大江は、G・S・ヒル（神奈川県法律顧問）に助けられて木慶と船長リカルド・ヘレイラに対する審理を始め、これには在神奈川イギリス領事ラッセル・ロバートソンが列席した。七月十六日、船長に対する審理が再開されるが、直前の十三日には、ワトソンが協力を要請したN・J・ハナン（神奈川領事裁判所に派遣されていた上海高等法院代理判事）が、訪れた外務大丞《だいじょう》花房義質《よしもと》に対して、日本の奴隷関係（遊女奉公）等の残存如何を質問した上で、遊女契約等がある以上船長に対する強硬な判決は控えた方がよいと助言していた(6)。

こうした一連の過程を経て、大江は、結局、日本の刑法によれば有罪であるが、本件の諸事情を勘案して特別に無罪とし、出帆を許可するという判決を下す（七月二十七日）。

大蔵省意見書

他方で、大江は、人身売買の禁止を司法省に建言した。それを受けた司法省がその方法を模索し、太政官正院に建言した。正院は大蔵省に下問する。これを受けて、七月三十日、井上馨が意見書を提出したのである（『世外井上公伝』）(7)。

意見書（「大蔵省答議」）(8)は、前文で、まず、「数百年ノ弊習《へいしゅう》」が「一洗」されたにも関わらず、「人ノ婦女ヲ売買シ」、「遊女芸者其他種々ノ名目」で、「年期ヲ限リ或ハ終世其身心ノ自由ヲ束縛」して渡世する者がいる。これは、かつてアメリカにあった「売奴ト殆ント大同小異ノ景況」であり、嘆かわしいことであると述べる（句読点引用者、以下同様）。

今ヤ時世文明ニ赴キ人権愈々《いよいよ》自由ヲ得。已ニ華士族ノ特許特権ヲ被為除、穢多ヲ平民ニ列セラル丶等数百年ノ弊習ヲ一洗シ千古ノ美事喋々《ちょうちょう》論ヲ待タス。然ルニ尚ホ人ノ婦女ヲ売買シ、遊女芸者其他種々ノ名目ニテ、年期ヲ限リ或ハ終世其身心ノ自由ヲ束縛シ以テ渡世イタシ候者有之。曽テ亜米利加洲ニ有之候売奴ト殆ント大同小異ノ景況ニテ、其者憫然《びんぜん》タルハ申迄モ無之、実ニ聖代ノ欠典歎息ノコトニ有之。

次いで、今般神奈川県へ命じられたペルー船に乗り込んだ「略売支那人」の裁判では、「皇政ノ仁恵ヲ他国人民ニマテ」及ぼすことができたが、国内に「売奴同様ノ人民共」がいては「皇国人民ノ大恥《おおはじ》」であるから、この機会に「其束縛ヲ解放セシメ其人権ノ自由ヲ得セシメ」たいと述べる。

これに太政官布告案が付けられており、「第一条御布告案」として、「人身ヲ売買致シ終生又ハ年期ヲ限リ其主人ノ存意次第虐使イタシ候儀ハ、天道人倫ニ背キアルマシキ次第ニ付古来制禁ニ有之候処」「末々ノ者、年季奉公等種々ノ名目ヲ以テ奉公住致サセ、其実売買同様ノ所業ニ陥リ、以テノ外ノ事」であるから、今後厳禁するとある。

「第二条布告案」では、「今般人身売買厳禁」が仰せ出されたことをうけて、従来の渡世の者を一定の条件下で認めるために四つの規則（「遊女貸座敷規則」「抱遊女女芸者等処分規則」「遊女芸者等取締規則」「遊女規則」）を置くとする。

なかでも「遊女規則」では、「第一則」で、「遊女渡世ヲ願フ者ハ本人真実ノ情願タル旨」「親族尊長二人以上」の保証を以て「戸長副戸長奥印ノ上」管轄庁へ願い出て、「免許鑑札」を受けることとし、その他にも、免許地以外での厳禁、免許は一年限り（ただしやむを得ない場合は再び願い出ること可）、「免許鑑札」交付と「税金」納入、十五歳未満の者の禁止、毎月三度の「検査」等を定めている。

この意見書の起草者はじつは陸奥宗光（租税頭）であると、日本史研究者の松延眞介によって特定された。陸奥の杉浦譲《すぎうらゆずる》宛の二通の書簡（八月十三日付、同十九日付）を分析した結論である。書簡によれば、陸奥は、「売奴禁止」（奴隷売買禁止）をめざしていたのである（「人身ヲ売買シ他ノ貨物ト同視シテ人間ノ身心ヲ束縛シ其自由ヲ妨碍スルノ巨害ヲ協救スルノ意」〔第二信追伸〕）が、正院の対応が遅々として進まない（「正院ニ於テ大隈参議ニ謁シ、略々鄙意ヲ陳述セリ、爾後公務ノ多忙ニ会シ参議ニ屡々《しばしば》見ユル能ハス、因循以テ今日ニ至ル」（第一信）ため、「毎日三職諸公ニ面ス」機会のある杉浦に働きかけを依頼したのである。面識はなかったが、渋沢栄一の手を経て杉浦の「売奴禁止ノ高論」を入手していたため、杉浦に訴えかけたのである（「苟モ其職ニ在ル人ニシテ其非ヲ知リ之ヲ救フ能ハサレハ、天下後生有識者ニ対シテ何ヲ以テ其責ニ任セントス」（第一信）[9]）。

なお、陸奥には、神奈川県令（明治四〔一八七一〕年十一月～明治五年六月）として、横浜の遊廓を監督した経験があったはずである。

第二の裁判における遊女の年季証文問題

マリア・ルス号事件の方は、さらに、船長側が清国人たちを訴えたため、第二の裁判に入った。神奈川県裁判所で、移民契約書の有効性、つまり、奴隷売買契約書ではないのかをめぐって八月十六日から二十一日まで審理が行なわれた。

森田朋子によれば、弁論で、船長の弁護人フレデリック・ディケンズ（イギリス人弁護士）は、日本の法律に照らしても、この契約を強制執行させることは妥当であるという主張した。その例として、遊女の奉公契約（年季証文）をあげて、この契約は、「日本の法律によって執行され、また厳しい強制力をもっている」、さらに、「奉公の権利は、譲渡可能」であり、「承諾する能力もなく結果もしらないような未成年者をしばしば就業させている」、しかも、こうした制度は、政府によって直接認可され、管理され、政府の重要な歳入源になっていると指摘した。その際には、横浜に黴毒《ばいどく》治療院をつくったジョージ・ニュートン（英国海軍医師）の小冊子を証拠として引用した。[10] しかも、そこには、三カ月間に一四三〇七人を診療し、四五二人の病体を発見し加療したと記されていた。[11]
マリア・ルス号の裁判は、居留地取締規則抵触問題があることから、諸外国注視の中で行なわれたものである。しかも、条約改正を念頭に岩倉使節団が派遣されている最中の出来事であった。こうした場で、遊女奉公が実質的に奴隷売買であり、かつ日本国内で合法であると指摘された日本政府の衝撃は想像にかたくない。なお、判決（八月二十五日）は、御雇い外国人が作成したとみられる長文のもので、被告勝訴となった。

芸娼妓解放令、「娼妓芸妓ハ人身ノ権利ヲ失フ者ニテ牛馬ニ異ナラス」

明治五（一八七二）年十月二日、太政官から、いわゆる「芸娼妓解放令」（太政官達第二九五号）が出された。次のように、第一項で、従来「年期奉公等種々ノ名目」で行なわれている「其実売買同様ノ所業」を厳禁し、第四項で、「娼妓芸妓等年季奉公人」の「一切解放」を命じるものである。[12]

一　人身ヲ売買致シ終身又ハ年期ヲ限リ其主人ノ存意ニ任セ虐使致シ候ハ、人倫ニ背キ有マシキ事ニ付古来制禁ノ処、従来年期奉公等種々ノ名目ヲ以テ奉公住為致其実売買同様ノ所業ニ至リ以ノ外ノ事ニ付、自今可為厳禁事。

（中略）

一　娼妓芸妓等年季奉公人一切解放可致、右ニ付テノ貸借訴訟総テ不取上候事。

続いて同月九日には、司法省から、いわゆる「牛馬ときほどき令」（司法省達第二二号）が出された。娼妓芸妓等に対して借金の返済を求めることを禁じたものである。第一項で、「人身ヲ売買スルハ古来ノ制禁」であるのに「其実売買同様ノ所業」が行なわれているとして、「娼妓芸妓等雇入ノ資本金」は「贓金ト看做ス」とした。さらに、第二項で、「同上ノ娼妓芸妓ハ人身ノ権利ヲ失フ者ニテ牛馬ニ異ナラス。人ヨリ牛馬ニ物ノ返辨ヲ求ムルノ理ナシ」として、娼妓芸妓への返済請求を無効とした。第三項では特に、金銭がらみで「養女ノ名目」にして「娼妓芸妓ノ所業」をさせる者は、実際上「人身売買」に他ならないから、厳重に処置せよとした。

一　人身ヲ売買スルハ古来ノ制禁ノ処、年季奉公等種々ノ名目ヲ以テ其実売買同様ノ所業ニ至ルニ付、娼妓芸妓等雇入ノ資本金ハ贓金ト看做ス故ニ、右ヨリ苦情ヲ唱フル者ハ、取糺ノ上其金ノ全額ヲ可取揚事。

一　同上ノ娼妓芸妓ハ人身ノ権利ヲ失フ者ニテ牛馬ニ異ナラス。人ヨリ牛馬ニ物ノ返辨ヲ求ムルノ理ナシ。故ニ従来同上ノ娼妓芸妓へ貸ス所ノ金銀並ニ売掛滞金等ハ一切債ルヘカラサル事。

（但し書き省略）

一　人ノ子女ヲ金談上ヨリ養女ノ名目ニ為シ娼妓芸妓ノ所業ヲ為サシムル者ハ、其実際上則チ人身売買ニ付、従前今後可及厳重之所置事。

二つの法令を合わせると、芸娼妓契約と金銭の返済請求を共に無効とするものであり、遊廓制度を根幹から崩すものである。ちなみに、娼妓が、「牛馬ニ異ナラス」とは、津田真道の建議中の表現（「年季中ハ牛馬同様ナルモノ」）を引き継いだものと考えられるが、それが娼妓の解放（解き放ち）の論理――「牛馬ニ異ナラス」（「人身ノ権利ヲ失フ者」）、したがって弁済の義務はない――に読み替えられているのである。

司法省の「奉公人年期定御布告案」

なお、芸娼妓解放令の布告は、従来マリア・ルス号事件審理の衝撃が契機になったとみられてきたが、じつは、これに先行して司法省に「永年期奉公」を廃止する動きがあったことが、日本史研究者の大日方純夫によって指摘された。江藤新平が四月に司法卿に着任し、その後押しで、六月二十三日、つまり、マリア・ルス号事件の裁判長の任命（七月一日）より前に、司法省から正院に「奉公人年期定《さだめ》御布告案」の伺《うかがい》が提出されていたのである。

伺は、前文で、「人民自主ノ権利保護」の趣意が追々徹底してきているが、「従来男女共ニ永年季奉公ト唱エ、其実ハ角兵衛獅子又ハ娼妓ノ類トナシ」、「牛馬ニ均《ひと》シク」酷使されている者がいるとして、こうした「習弊」の「御一洗」を訴えている。

これに布告案（「奉公人年期定御布告案」）が付されており、そこでは、第一項で、金銭がらみで男女を取引する、又は、永年期奉公あるいは養子女の名目で身分を買い取ることの一切禁止（「金談ニ付男女ヲ取引致シ、又ハ永年期奉公或ハ養子女ト唱ヘ身分買取候儀、一切可為禁止事」）、第四項で、「娼妓角兵衛獅子ノ類」の新規召し抱えは満一年限りで延期は不可（「娼妓角兵衛獅ノ類新規召抱候儀ハ、満一年ノ外ハ延期不相叶候事」）、但し、現在「永年期約条」で召抱えている分は、「満三年」以下に証文を改めること等を規定している(13)。

この司法省の伺に対して、左院から、「男女永年季奉公」に関する提案に異議はないが、積年の習弊を一朝一夕に改めることはできず、堕胎も盛んになるであろうから、育児院の方法を確定する必要があるという異見（左院異見　七月三日）が出された。

さらに左院は、大蔵省意見書（二六頁）に対しても、布告案の第一条に異存はないが、第二条は「公然淫楽」を許可するように聞こえるから、採用しない方がよいとした（八月）。また、司法省伺（八月二十八日のもの）に対して、問題点を指摘した上で、「従来ノ娼妓芸妓等年季奉公人一切解放可致、右ニ付テノ貸借訴訟総テ不取揚候事」という抜本的な布告案を提示した（九月五日）(14)。

以上のように、永年季奉公廃止に向けて司法省が動いていたところへ、マリア・ルス号事件が勃発し（明治五年六月四日）、司法省の「奉公人年期定御布告案」の提出（六月二十三日）、マリア・ルス号事件裁判長の任命（七月一日）、司法省案に対する左院異見の提出（七月三日）、マリア・ルス号事件裁判（第一次、刑事）の開始（七月十六日）・判決（七月二十七日）、大蔵省意見書の提出（七月三十日）、マリア・ルス号事件裁判（第二次、民事）の開始（八月十六日）・判決（八月二十五日）、さらに、左院による布告案の提示（九月五日）と動いたのである。言い換えれば、おそらく、直接にはマリア・ルス号事件裁判（なかでも第二次）の衝撃を機に、左院から布告案が出され、それを元に、芸娼妓に焦点をしぼった「芸娼妓解放令」（太政官達第二九五号、十月二日）が出されたと考えられるのである。

貸座敷渡世規則・娼妓渡世規則

ところが、さらに一年余りした一八七三（明治六）年十二月十日、「東京府知事大久保一翁」から「市在区々戸長」に宛てて、「近来市街各所ニ於テ売淫遊女体ノ者増殖」していることを放置できないとして、「自今吉原品川新宿板橋千住五ケ所」の他は「貸座敷屋並娼妓」に類する所業を禁ずる旨（ただし根津は別途）が達せられた（東京府令達第一四五号）。

近来市街各所ニ於テ売淫遊女体ノ者増殖候哉ニ相聞、第一風俗倫理ヲ傷リ、其儘難差置筋ニ付、自今吉原品川新宿板橋千住五ケ所外ニ於テ貸座敷屋並娼妓ニ紛敷所業決テ不相成候。且貸座敷娼妓芸妓等規則別紙之通相達候条、此旨屹度可相心得事。

但、根津ノ儀ハ兼テ願済年限中差置事。

そして、これに「貸座敷渡世規則」「娼妓規則」「芸妓規則」が付されていた。

注目されるのは、各規則が大蔵省意見書に酷似していることである。なかでも「娼妓規則」には、「娼妓渡世本人真意ヨリ出願之者ハ」「情実取糺シ」た上で「鑑札」を渡すこととあり、その他にも、十五歳以下の禁止、免許貸座敷以外での渡世の禁止、「鑑札料」、月二回の「検査」とある。ちなみに、大蔵省意見書では、「遊女渡世ヲ願フ者ハ本人真実ノ情願タル旨」願い出による「免許鑑札」交付、十五歳未満の禁止、免許地以外での厳禁、「税金」納入、月三回の「検査」であった。

ただし、「人身売買厳禁」への言及はなく、何よりも年季の制限がない。大蔵省意見書が免許は原則一年限りとしたのに対して、前借や年季の「公」認が前提されているのである。言い換えれば、廃業に向けて限定的な許可政策を提唱した大蔵省意見書をも採り入れて――しかも、管轄庁への願い出、「免許鑑札」交付と「税金」納入、「検査」という、陸奥が考案した方式を採り入れて――従来通りの地域を限って公然と許可する路線が息を吹き返したのである。

こうして、「前借金」による拘束（「年季」ないし「年期」）を放置したまま、「娼妓」が、自由意志で（「出願」）、「貸座敷」業者から座敷を借りて、「鑑札」をうけて営業するという形式が整えられた。同時に、管轄を地方に移すことで、理屈上、国・政府は「人身売買」の汚名から解放されることになる。[15]

ただし、女性史研究者の早川紀代によれば、東京府令達第一四五号に先だって、次のような経緯があった。太政官は、早くも一八七二年十一月五日、東京府の伺に対して、娼妓稼業は各自の自由に任せる、政府は制度を設けない、管理は地方があたる（「娼妓解放後旧業ヲ営ムハ人々ノ自由ニ任スト雖地方官之ヲ監察制駁シ悪習蔓延ノ害ナカラシム」）旨の布達を出し、地方からの伺に対しては、東京府への指令に準拠せよとした（十一月二十日）。ついで、東京府と司法省警保頭の連名で、遊女・芸妓の名称を廃し、「芸者」と一括して規制する内規則を各方面に送った（一八七三年一月二十四日）。これに対して、大蔵省が、「徒ラニ其名ヲ美ニシテ」は「淫風ヲ誘導スル」ことになる、「辺隅区郭」を貸座敷に定めて、（「歌舞ノ技」のみとする）芸妓と娼妓とを峻別すれば、「賤業」「醜悪不廉耻」であることを知らしめることができると、東京府へ再議を命ずるよう太政官に建議した（二月十四日）。この後正院から指示がないなかで、東京府は、結局、太政官（右大臣岩倉具視宛て）に伺を出した（十一月）[16]うえで、第一四五号の発布に踏み切るのである。[17]

三者の関係という問題

以上のように、この時期、①マリア・ルス号事件審理（神奈川県。明治五（一八七二）年七月・八月）、②「芸娼妓解放令」（太政官達。同年十月）、③貸座敷渡世規則・娼妓渡世規則（東京府令。一八七三年十二月）という、人身売買・性売買をめぐる三つの出来事が起こった。なかでも問題となるのが、①、②と進んできたのが、なぜ、③に帰着したのかということである。

三者の関係について、大日方純夫は次のような見解をとった。

いわゆる芸娼妓解放令の布告は、マリア・ルス号事件が契機ではなく、それに先行して司法省伺（「奉公人年期定御布告案」）があったのであり、その提出から三カ月余を経て布告された芸娼妓解放令の内容は、（1）当初の司法省案をベースとして、（2）大蔵省意見書中の布告案第一条を前文に採用し、第二条は却下して、（3）司法省案中の娼妓条項を左院提起の娼妓解放条項にとってかえることによって成立したものである。

ただし、司法省対東京府・大蔵省の原理的確執があった。前者は、売娼を公認せず（黙認して）その営業地域の特定を解除する路線（黙認・散在）、後者は、娼妓を公認して特定地域に囲い込む路線（公認・囲い込み）である。その後、司法省プランが後退するのは、一八七三年「一〇月の政変（いわゆる征韓論政変）とその後の紛糾によって、司法省首脳部の構成が一変したことと無関係とは思えない」と大日方は付け加えた[18]。つまり、十月の政変で江藤新平らの下野などが起こり、その結果、東京府・大蔵省の主導で③が実行に移されたのではないかと見たのである。

言い換えれば、まず、司法卿江藤新平、神奈川権令大江卓、左院（議長は後藤象二郎）など――それぞれのポストにそれぞれの人物がいなければ、①、②はこのような形にならなかったということである。その意味で、この時点で一気に公娼制廃止に向かう可能性は皆無ではなかったのである。

3　「征韓論政変」・内務省設置と公娼制の近代化

「征韓論政変」・内務省設置の意味するもの

ところが、以上のような過程を経たうえで、公娼制廃止に向かう流れは頓挫する。そこに政権中枢の激変が関係するとしても、大日方の見解には疑問なしとしない。

第一に、陸奥の杉浦宛書簡によれば、大蔵省意見書の起草者・陸奥の趣旨は、（イギリスを見た経験から言うと）「黙許」と「明許」（地域を限って公然と許可する）とではじつは実質的な違いがない、あえて「明許」とするのは、それが、漸進的に改業（廃業）に導いていくための現実的な階梯である（「明許」して恥とすれば客が減る、他方で税を重くして転業を促す等）からであるというものである。

つまり、大蔵省意見書の意図は廃業に向けた漸進的改革であり、「東京府・大蔵省の「明許」路線」（大日方）と一括できるものではない。同時に、政治過程としては、次に述べるように、「司法省路線は、大蔵省の横槍によってストップがかけられた」、「大蔵省の囲い込み路線の勝利」（大日方）と言うことはできない。

第二に、留守政府では、岩倉使節団帰国（一八七三年九月十三日）後の十月の政変に先立って、五月十四日には井上馨が辞表を出していた。つまり、大蔵意見書の提起した改革路線が頓挫するのは、この井上の辞任と連動すると考えられるのである。他方、陸奥は、一八七四年一月十五日になって、「依願免出仕並兼官」届けを出して辞官している。

第三に、大久保利通は、岩倉使節団帰国に先立って五月二十六日（木戸は七月二十三日）には帰国していた。したがって、こうした動きに大久保が何らかの形で関わっていた可能性も否定できない。(19)

いずれにせよ、「芸娼妓解放」という抜本的改革に踏み切った留守政府の方針が、使節団の帰国・政変等によって事実上覆ったということである。

なお、付言すれば、信教の自由（キリスト教禁止の撤廃、具体的には切支丹禁制の高札の撤去）問題に関しては、禁止の撤廃を米で迫られた岩倉使節団は、副使大久保利通と伊藤博文が、（条約改正交渉の全権委任状の取得とともに）高札撤去を促すために明治五年三月二十四日（一八七二年五月一日）急遽帰国して、留守政府に対応を迫った。さらに、一八七三年一月にも、副使伊藤の名で高札撤去の建言書を欧州から送付し、そのことによって、留守政府は、同年二月二十四日、ようやく高札撤去に踏み切ったという経緯がある。[20] このように使節団には、米欧の倫理・法的基準、その要求の強硬さが身に染みていたはずであるが、「奴隷解放」（直接には「芸娼妓解放」）問題に関しては、留守政府の決定が使節団の帰国に伴って覆されるという事態になったわけである。その理由としては、後者に関しては対応の前面に立たされたのが留守政府であったこと（すなわち、この面での国際的動向の軽視）、他方で、おそらく、自分たちは米欧の実態を見聞してきたという自信、さらに、（高札撤去などではなく）ジェンダー・セクシュアリティ、女性の人権に関わる問題の軽視・無視があったと考えられる。

さらに、一八七三（明治六）年十月二十五日には、（前日の西郷隆盛に続いて）四参議（副島種臣・後藤象二郎・板垣退助・江藤新平）の辞表が受理され、同時に、すでに同月初めに就任していた大久保に続いて、伊藤博文、そして、勝海舟が参議に就いた。[21] 次いで大久保の提唱により内務省が設立され（十一月十日）、薩長、わけても大久保と伊藤が、内務卿という枢要の地位に交代で就いて（大久保・木戸・大久保・伊藤・大久保・伊藤の順）、「内務」を司ることになる。さらに、この延長上に東京警視庁が設置される（一八七四年一月十五日）。これを命じた太政大臣三条実美の達には、内務省の指令を受けるものとするという但し書きがあった。

従来、十月末の政変は「征韓論政変」と称されており、「征韓」如何が主題であると理解されている。だが、この三カ月弱を一連の過程としてみれば、これが「征韓」如何にとどまらない、専制的とも言える薩長権力を樹立する過程となったことは明白ではないだろうか。一月十七日、副島・後藤・板垣・江藤らは、「有司専制」を批判する民選議院設立建白書を左院に提出する。ついで、江藤は佐賀の乱の旗頭となる。やがて政府は彼をその首魁として処刑するのである。ちなみに、一月十五日に依頼免職した陸奥が一月に木戸に送った文書（「日本人」）には、「今や薩長の人に非ざれば、殆ど人間に非らざる者の如し。豈嘆息すべきの事に非ざるや」とあった[22]。

内務卿大久保利通・伊藤博文による公娼制の近代化

では、このような政権中枢の激変（薩長「専制」権力の出現）は公娼制問題にどう関係するのであろうか。

まず何よりも、内務省が新設されて大久保が内務卿に就いた以上、十二月の東京府の指令が大久保の意に反して出されたとは考えにくいということである。しかも、旧幕の中心・勝海舟が参議に入っている。こうした体制の下で東京府が従来通りの「明許」路線を打ちだしたわけであるから、その背後には、内務省、つまり、消えたアクターとしての国の意向があったとみても大過ないであろう。

第二に、以後、内務卿として公娼制の近代的改変・整備を監督していくのは、大久保利通と伊藤博文に他ならないということである。そして、この二人がとりわけ心を砕いたのは——「芸娼妓解放」「人身売買」問題などではなく——政府の公娼制方針の貫徹と、大英帝国並みの黴毒病院の建設・検黴制の整備であった。

日本史研究者の人見佐知子によれば、この頃、横浜にならって神戸（福原遊廓）に黴毒病院を建てるようにイギリス公使が強く迫っていた。だが、黴毒病院を設立すべしという内務省（大久保）からの要請（一八七四年五月二十九日）に、兵庫県令神田孝平が独自の立場から執拗に抵抗していた（六月十三日付大久保宛書簡）[23]。神田は、一八七三年六月、兵庫・神戸両市中における芸娼妓・貸座敷営業を許可、すなわち、区画の限定を解除しており、これとも関連して、隠売女《かくしばいじょ》（いわゆる私娼）の取締り方法に見込みが立っていない、その見込みが立たない限り検黴制度を導入しても無益であると主張したのである。内務省からは再三の指示があり、ついに拒絶できなくなった神田は、伊藤（内務卿）に宛てて上申書を出して黴毒病院建設を表明する（同年八月三十一日付）[24]。そして、九月二十七日に検黴を実施すると通達し、十月には福原町の「万年楼」を買い上げて、翌年二月福原病院として開院させる。とはいえ、内務卿（大久保）代理に宛てて、イギリスからの強い要請自体が「御国権ノ妨害」ではないかと怒りをあらわにした手紙も書いている（一八七五年一月七日付）[25]。

結局、神田の断行した区画の限定の解除（「集娼」政策の解体）自体が撤回される。兵庫県令神田は、第一回地方官会議（一八七五年六月）で幹事長に選出されるほど人望のある人物であったが、公娼制と検黴に関する内務省の方針（「集娼」政策の継続と検黴）に押し切られたのである。

なお、伊藤博文（俊輔）は、すでに一八六七（慶応三）年十月頃、神戸で外国人相手に性売買をする女性の斡旋を手配していた。[26] こうしたことからすると、女性史研究者の藤目ゆきも示唆したように、検黴を組み込んだ公娼制の成立には、イギリスなどの求めに応じて性病検査をした女性を提供するという面がまずあったと考えられる。[27] ちなみに、大英帝国では、伝染病法（一八六四年）によって、警察官が娼婦とみなした女性に対する性病検査の強制が始まり、一八六九年にはさらに本格化していた。

兵庫県令神田の例で明らかなように、公娼制と検黴に関する地方の揺れを抑えた上で、一八七六（明治九）年四月五日、内務省（大久保）は、「娼妓黴毒検査ノ件」（内務省達乙第四五号）を出して、全国に娼妓の（強制的）性病検査を指令した。日本史研究者の山本俊一によれば、この布達は、娼妓を黴毒の感染源と決めつけて性病検査のターゲットにしたという点で、その後の日本の性病予防政策の方向を決したものである。[28]

以上のように、内務卿は、江戸時代の公娼制の近代化をめざして着実に動いていたのである。

4　警視庁・地方官による公娼制の再編

つづいて、東京府と警視庁による司法省の追い落とし、さらに、東京府と警視庁間の確執が起こる。これを経て、性売買対策（かつての「芸娼妓解放」問題）は警視庁と各地方官の手に委ねられる。言い換えれば、公娼制は、廃止（ないし漸進的縮小）ではなく存続が前提となり、近代的に再編されて日本社会に定着することになるのである。

改定律例の条文の廃止、東京府と警視庁の確執

大日方によれば、一八七五（明治八）年四月二十二日、（新）吉原の貸座敷業者らが東京府と警視庁に宛てて許可申請（貸座敷・娼妓・引手茶屋の三業を合わせた三業会社を設立したいというもの）を出すと、東京府はただちに（二十四日）許可した（なお、五月七日には、内務省への伺を経ないこのような専断の処置をとったのはどういうわけかと同省から詰問されている）。これに反対の引手茶屋業者が裁判所に提訴すると、東京警視庁の川路利良（大警視）が、この問題は警視庁・東京府の権限内の事項であるから、訴状を受理するなと裁判所に申し入れた（六月二十七日）。裁判所が川路の申し入れを拒否すると、川路は、大久保（内務卿）宛てに長文の上申書（同三十日）を提出した。追って書きには、売春は「賤業」であり、仏国並びに大半の欧州各国では、地方官に一任し、首都では警察が全面的に担当するというボアソナード（司法省御雇い）の言葉が引用されていた。同日、裁判所は判決を出すが、東京府と警視庁の協働は進んでいく。

公娼管理をめぐるこうした動きの一方で、いわゆる私娼（自売等の許可外のもの）に関しては、江戸時代には「隠売女取締」の触書が無数に出された（つまり、徳川家支配地等において、性売買はお上

の免許の下に置かれており、同時にそれは、それ以外の性売買のお上による弾圧を伴っていた）が、新律綱領には密売淫取締の条文はなかった。だが、改定律例（一八七三〔明治六〕年六月施行）で売淫取締の条文が入れられた。

第二百六十七条　凡私娼ヲ衒売《げんばい》スル窩主《かしゅ》ハ懲役四十日　婦女及ヒ媒合容止《ばいごうようし》スル者ハ一等ヲ減ス若シ父母ノ指令ヲ受クル者ハ罪ヲ其父母ニ坐シ婦女ハ坐セス

他方、東京府は、無免許の性売買を取り締まるべく、一八七五年に警視庁と連名で「隠売女」取締について内務省に問い合わせて、同年四月四日、「隠売女取締規則」（府達第八号）を出した。(29)これは改定律例と重ねて地方官が罰則を設けることを意味するから、東京裁判所・司法省から異議が出た。ところが、結局、改定律例第二六七条の廃止によって決着するのである。

これには、川路が内務省に提出した「警視庁建議」（七月十八日）(30)の影響があったとみられる。それは、「凡ソ倫理ヲ敗リ名教ヲ害スル者、淫ヲ粥クヨリ甚シキハ無シ。其卑汗醜悪、所謂人面ニシテ獣行ナル者、娼妓是也」（句読点引用者）と、口を極めて娼妓を罵る言葉から始まる。そして、我が国では改定律例第二六七条が私娼の取締りを規定しているが、開明諸国にはこのような法文はなく、この野蛮の陋態《ろうたい》を外人は嗤うであろう、取締りは「地方官適宜ノ処置ニ任」すべきであり、改定律例第二六七条は停止するのがよいというものである。

さらに、年末には法制局が、売淫・私娼取締の国法があるのは、「公娼ハ政府ノ公認スル所、法律ノ明許スル所」であることを示すから、体裁がよくない等、警視庁を支持する議案書（十二月二十八日付）を提出した。これには、ボワソナードの「売淫規則疑問ノ答議」（十二月二十二日作成）の影響があったと考えられる。[31]

そして、翌一八七六年一月十二日に太政官布告第一号が出され、改定律例第二六七条を廃止して、「売淫取締懲罰ノ儀ハ、警視庁并各地方官へ」任せるとされるのである。

改定律例第二百六十七条私娼衒売条例相廃シ、売淫取締懲罰ノ儀ハ、警視庁並各地方官へ被任候条此旨布告候事。

直後に、警視庁は「売淫罰則」を出す。すると、「売淫罰則」の懲罰金の使途の担当をめぐって東京府と警視庁との間に確執が起こった。結局、東京府は、売淫取締を警視庁に委任し、貸座敷・娼妓の許可事務は警視庁が行なうという府達第一八号を出さざるを得なくなる。次いで、警視庁は、先の府による貸座敷規則・娼妓規則を改定する（警視庁令第四七号、同年二月二十四日）。この警視庁令によって、賦金（娼妓と貸座敷業者の税金）の取扱は警視庁とされた。そして、賦金の使途は、警察費等とされた後、警察探偵費にかわり、最終的には地方議会がその使途を決定できる地方税に雑収入として編入される（一八八八年）のである。[32]

地方財政と賦金

このような公設の性売買からあがる収益がどの位あったのかと言えば、藤目ゆきによれば、賦金額は、一八八二年で、大阪一〇万五八三六円、東京五万三八五〇円、京都五万一五六四円、神奈川四万六〇五六円にのぼる（内閣統計局編『日本帝国統計年鑑』第四回）。神奈川県の当時の歳出予算額が二一万円程度であるから、県予算の優に二〇％以上にあたる（さらに、賦金にとどまらず、関係するさまざまな収益があったはずである）。また、当時全国の賦金合計はおよそ七〇万円（内務省はそのうち一五万円を国庫に納入）にのぼる。一八八三年にはその五四％が警察探偵費に支出されたという。[33]

この頃、一八八二年二月には、自由党の創立をうけて中島信行（自由党副総理）らが大阪で「立憲政党」を立ち上げ、『日本立憲政党新聞』を発行した。四月には、岸田俊子（湘煙《しょうえん》）が女弁士として登場する（関口 2014b:1。本書一七七頁）など、民権運動の新たな潮流が動き出していた。巨額の賦金は、こうした民権運動の弾圧と切り崩し等に使われたとみてよい。

なお、日本史研究者の横山百合子によれば、慶応三年の吉原（新吉原）の売上額は八万八百両余、深川は一五万両で、合わせて二三万八百両余（東京都公文書館所蔵「東京府開設書」）にのぼった。政治情勢を反映して落ち込んだ明治元〜二年の一年間でも、吉原、深川、それに、明治二年認可の根津を合わせて、一五万八千両にのぼった。[34] 同時に、同じく日本史研究者の曽根ひろみによれば、江戸時代の吉原では、個々の遊女屋・茶屋がその利益の中から運上を負担するという形式であったが、揚げ代（商高）の一割を日々「受払所」に直接持参する、すなわち、一割を東京府が直接取り上げるという形式に変わった（「新吉原町規定申合」〔明治四年十二月制定〕の分析による）のである。[35]

このように、性売買対策（具体的には公娼管理と私娼弾圧。指定地域での性売買の許可と域外での禁圧）をどこの管轄とするかという問題は、そこからの巨額の収益をどこが手にするかという問題でもあった。つまり、国が前面に出ない方がよいという大義名分をかざして、力ずくで、結局、警視庁（と地方官）が管轄・管理して収益を手にする者となったのである。むろん、それは、大久保一翁が旧幕の中心人物の一人であることからすれば、薩長新政府が、江戸（さらに、大阪・京都等）の遊廓という、徳川将軍家の財政基盤を取り上げて自分たちのものにすることでもあったはずである。

こうして成立した制度は、お上による性売買の免許制、（この性売買独占体制を支えるための）指定地域外での性売買の弾圧という、徳川家支配（江戸時代）の性売買政策の再現に他ならない。それは、警視庁と県財政を公娼制が潤す（同時に地元業者との癒着が進む）一方で、「人身売買」（身売り）という重大問題に新政府として正面から取り組まないことを意味した。つまり、変革を放棄したのである。

警視庁による公娼制再編

以上のように、性売買に関する新政府の方針と管轄部署が決まり、内務省の監督を受けて、警視庁・地方官の手で各地の体制作りが進められていく。すでに、川路は、一八七二年九月から約一年間、欧州各国の警察制度を視察していた。「文明国」の「一夫一婦」の看板の下での性売買の実態と実務を見たうえで、帝都東京の公娼制の再編に向かったのである。

結局、「身売り」(「前借金」による人身の拘束。ある場所への閉じこめによる売春)に変更はない。娼妓を、「自売」遊女にしてしまうという点では、津田の主張が実現された形であるが、同時に、それはあくまで形式だけである。

つまり、「身売り」に基本的に手をつけないまま、鑑札制・検黴制等による近代化が整えられていく。したがって、西洋の性売買の実態を越える重大な人権侵害のシステムを——近代国家・「文明国」の只中に——作り出すことになるのである。

ちなみに、青山(山川)菊栄は、『青鞜』で、「日本の公娼制は日本の封建制度が産出した特殊のものであって外国には全然類のない悲惨と残酷とを供えております。第一に私娼とは肉体的自由の点において非常な差があります。廓外に出ることはむろん、たいていは戸外に出ることも許さないのです。また食事などにいたってはお話にならないのです」と指摘している。また、「外国の公娼は日本の私娼に類するのでただ鑑札があるだけ」とも説明している。[36] さらに、公娼は表示されるから「戸籍面に疵がつく」[37]。

また、いわゆる「からゆきさん」に関して、インド、ホンコン、シンガポール等で日本女性に需要がある主な理由は、(インドや中国の女性は、英国議会が検査の強制を禁止したこと、さらに、伝染病条例〔伝染病法〕を英属諸国を通して全廃するように命じたことを知っているから検査を拒否するが)日本女性は従順で、命じられるままに検査を受けること、また、本国で検査に慣れていることがある、という英国からの書簡が『婦人新報』第一号（一八九五〈明治二十八〉年二月）に掲載されている。(38) つまり、性病検査という身心への侵入に日常的に曝されて、それに慣れるところまで来ているということである。

以上のような「身売り」よる逃げ場のない拘束を「奴隷」と言うならば、「借金奴隷」にして「性奴隷」である。しかも、公が認め、鑑札・徴税・検黴等でこの制度を支えている。

その上で、江戸時代のように娘の「身売り」を美談として褒め称えるのではなく、性売買を「醜業」とみなすという価値観の転倒がはかられ、次第にそれが浸透していく。

5　廃娼論、廃娼運動の開始

政府の方針が決定し、公娼制の再編・近代化という実務が進行する一方で、「廃娼」論議が起こってくる。ただし、廃娼運動（公娼制の廃止、遊廓公許の撤回等を求める運動）が本格的に始まるには、この後、さらに数年を要する。今日では理解しにくいことであるが、そこまで「身売り」――娘で借金を返す。女が売られ、男達が「女を買う」――が当たり前のことになっており、キリスト教等の新たな世界観をもってでもしなければ、その是非を俎上に乗せることすら困難であったのではないだろうか。

津田真道の「廃娼論」

ここでも先鞭をつけたのは津田真道である。津田は、『明六雑誌』第四二号（一八七五年二月）に「廃娼論」を発表した。それは、本年夏松島に遊び、浜街道から往って奥州街道から帰ってきたが、宿駅数十に逆旅（宿屋）が数百千あり、それらは、埼玉県下以外は大抵娼家に他ならない、かつては娼妓をおくことを禁じていたと聞くが、今はみな娼家であると警鐘を鳴らすものであった。そして、娼妓は、風俗・人の徳義品行に大害をなし、民力は衰え、黴毒で兵は弱くなり、ついには独立の国体を維持することすら危うくなると警告した。

これは、「娼妓」（遊女・飯盛女）の国への害という点からその撤廃を説く「廃娼論」である。女性の人権への配慮はなく、売淫の公許が文明に反するという議論でもない。あくまで、公娼制による国力上の損失に注意を喚起するものである。以後、こうした観点からの議論が盛んになる。

群馬県の廃娼令

廃娼運動は、一八八〇（明治十三）年前後、伊香保《いかほ》温泉を擁する群馬県で起こった。新島襄《じょう》（アメリカン・ボード準宣教師）創立の安中教会を核に遊廓公許反対運動が起こり、廃娼の建議が県会に提出され、激しい攻防が始まった。一八八二年には県会が娼妓廃絶を建議し、それを受けた県令が、まず伊香保村の、さらに全県下での廃娼令を発する。

ただし、この過程でなされた建議は、人身売買や性売買を問題にするものではなく、廃娼の主張の主な論拠は、「倫理風俗」の維持や「衛生」であった。[39] つまり、「倫理風俗」「衛生」の観点から有害となる娼妓を地域社会から一掃すべきだというものである。地元指導層の利害を代表していると言えるであろうし、また、県会を舞台とするものであるから、その直接の主体は男性である。

6　一八八五（明治十八）年末の〝論戦〟――植木枝盛・巖本善治・福沢諭吉

廃娼・存娼をめぐる（男性を直接の担い手とする）論戦は次第に活発になってくる。一八八五（明治十八）年には、「女学」を掲げた『女学雑誌』が創刊され、同時に、明治女学校が創設される。こうした動きと関係して、「廃娼」の議論が起こってくる。

巖本善治「吾等の姉妹娼妓なり」

『女学雑誌』の編輯・発行人巖本善治《いわもとよしはる》（一八六三 - 一九四二）は、「吾等の姉妹娼妓なり」（『女学雑誌』第九号、一八八五年十一月二十五日）で、廃娼論をうちだした。娼妓を「吾等の姉妹」と呼んで、「婦女改革」を任じている女性たちに娼妓の救済を呼びかけるものである。

要約すると、女も男に屈せず共に天賦の人権を守り幸福を享受することが吾等の目的である、にもかかわらず、吾等の姉妹は身を売られて、男子に屈し婢となり、器械となり、玩具となり玩弄されている、「婦女改革を以て責任とする女流の人は何の故に亦た斯点に慷慨せざる乎」、「既に人間たるの境界より離れて将に畜類の中に墜落せんとする吾等の姉妹を見て之を救はんと欲するの慷慨なき乎」というものである。

娼妓を「婢」、「器械」・「玩具」と断定し、その主体性を真っ向から否定する、また、娼妓を「既に人間たるの境界より離れて将に畜類の中に墜落せんとする」とまで価値の上で押し下げる、その上で、救いの手をさしのべるよう改革志向の女性たちに呼びかけるものである。

今日では理解しにくいことであるが、娼妓が女の務めとされ（辛いが〝当たり前〟であり、さらには「孝行」娘とされた）なかでは、これだけの論理的手続き——まず、娼妓という職業とそれに従事する人間の言説上の価値を引き下げる（〝当たり前のことではない〟〝人間とは言えないほどだ〟）こと——が必要だったのであろうか。ちなみに、すでに見たように、芸娼妓解放令でも、「牛馬ニ異ナラス」（「人身ノ権利ヲ失フ者」）としてから、その芸娼妓に弁済の義務はないという論理を使っている。

他方、すでに十一月十二日からは、『土陽新聞』で植木枝盛が「廃娼論」を連載していた。さらに、こうした動きに応えるように、福沢諭吉が『時事新報』で「品行論」（十一月二十日〜十二月一日）を連載し、それは、娼妓必要不可欠論であった。こうして、廃娼・存娼、国の威信、文明との関係、女性の地位向上と娼妓との関係如何、男性性等をめぐって、新聞や雑誌を舞台に一種の論戦が華々しく展開されるのである。

植木枝盛の「廃娼論」

植木は、突如として、『土陽新聞』で廃娼の論陣をはった（「廃娼論」一八八五年十一〜十二月）。ただし、本人の弁によれば、一八八〇（明治十三年）十月末の、「万国聯合会」からの日本政府への勧告を機にすでに廃娼論に転じていた。

私は何年何月よりして廃娼の意見を定めたのであったか、只今之を思出すことは出来ない、〔中略〕七八年或は八九年の以前であると思ひ升、〔中略〕英国人ヂウタルアングと云ふ人などが組織したる所ろの一の連合体より、日本の政府に居る諸公に一の書面を送られ、其の書面は、日本に於て、娼妓公許を廃する方が善からうと云ふの書面であった〔中略〕私は報知新聞に訳出したる所ろのものを読みました、其議論に私は余程感服したことで〔後略〕（演説「廃娼の急務」、一八八九年十二月九日）

この「万国聯合会」の「寄日本政府諸公書」は、日本政府に「売淫公許」を廃止することを勧告したものである。理由は、①ナポレオンは、地域を限定して公許すれば抑制できると考えたが、結果は密売淫も増えるばかりであった②梅毒検査をしても実効がないことである。そして、一八七五年に万国聯合会を組織し、一八七七年にジュネーヴで第一回万国会議を開いたのに続き[40]、来る第二回万国会議への来会を招請したいというものであった（『大阪日報』一八八〇年十月二十八、二十九日、十一月二日）。

『大阪日報』の熱心な読者であった植木は、これを機に、「廃娼論」者に転じたものとみられる。そして、一八八五年春に高知へ帰ってから、満を持して『土陽新聞』紙上で「廃娼論」の論陣をはったのであろう。

植木の「廃娼論」の大意は、売淫（醜業）は容認することのできないものであり、秘密売淫すらも許すことはできない、いわんや、売淫公許・公然たる売淫は絶対に許すことはできないというものである。「公許」（「公然売淫の儲け」）は「文明世界の方向」に反し、「国家の体面」を汚す大問題であるとしている。つまり、「文明」「国家」として現実に廃止すべきだということである（関口 1999:53-56）。

福沢諭吉の「品行論」

『時事新報』では十一月二十日より「品行論」が連載された（「福沢諭吉立案　中上川彦次郎筆記」として十二月に単行本で出版）。それは、「娼妓に依頼して社会の安寧を保つの外あるべからざるなり」（⑤565）[41]という娼妓必要不可欠論であった。廃娼論の大勢が娼妓の害に警鐘を鳴らすのに対して、存娼論は概して娼妓の益・効能を主張するものであるが、さらにこれは、国家の体面に優先して「経世上」の必要をあげる、本格的な存娼論である。その上で、「銭を以て情を売るの芸娼妓たるが如きは、人類の最下等にして人間社会以外の業」と、「プロスチチュート（Prostitute）」（同562）「売婬婦人」「売婬婦」と呼んで、差別・排斥するよう呼びかけた（関口 2005:274）。

『女学雑誌』の「品行論」批判、植木との合流

これに対して、『女学雑誌』が「時事新報の娼妓論」（『女学雑誌』第一〇号、一八八五年十二月八日）で、「存娼論」として激しく反発し、娼妓の全廃を主張した。その大意は、「世を驚かすべき奇論」であり「道徳の破壊者」であるとさえ言える、「殊に其の娼妓を論じて親鸞日蓮の徒に比較するに至りては吾人思はず紙を裂きて其の見識の悪むべきに忿怒したり」、「吾人は娼妓を全廃して世の道徳を維持して以て女流の自由を拡張せんと欲するものなり」というものである。

その後、「妓楼全廃すべし」（『女学雑誌』第三五号、一八八六年九月十五日）では、梅毒検査によっても梅毒を防ぐことはできないから、娼妓公許の結果は、姦淫による国家の滅亡であるとしている。「妓楼全廃せざる可らず」（『女学雑誌』第五八号、一八八七年四月二日）では、たとえ娼妓の全廃に不同意だとしても、「切《せめ》ては妓楼の甚だ卑しむべきを論じ娼妓の決して近《ちかづ》く可らざるを教へて口に筆に社会の人心を此の境界より立離らすることを説かざる可らず」という。せめて妓楼・娼妓を蔑視せよ、という巌本の主張は、福沢に近づいていると言える。

ただし、福沢が、「経世上」娼妓なしでは済まないと主張し、同時に、（公許の廃止にかえて）娼婦を蔑視するよう先導したのに対し、巌本の廃娼論の骨子は、娼妓はほとんど人権を失っている者であり、一種の奴隷である、このような者を放置しておいては婦人の改良・「女流の進化」は到底望めないというものである。言い換えれば、娼妓と、つくりあげるべき文明の女性像とは原理的に対立

する、前者を否定しなければ後者は成り立たないというものである。

さて、「廃娼論」発表後の植木は、続いて、「貸坐敷にて宴会などを開くとは何ぞ思はざるの甚しきや」(一八八六〔明治十九〕年一月)、「維新後道徳の頽廃せしことを論ず」(同年四~五月)、「道徳頽廃救治論」(同年五月)、「娼を賤むこと今よりも深からさるべからず」(一八八七年九月二日)等を精力的に発表する。そして、ついに、一八八八(明治二十一)年一月二十九日、「娼妓公許廃止」を県知事に建議する案を高知県会に提出して、これを可決させる。

この県会決議に東京婦人矯風会(後述)書記の佐々城豊寿《とよじゅ》らが感動して、「吾国未曾有の大快事」「東洋男子の面目を一新」「日本将来文明の基礎は貴県々会の建議に源由するに至り」という書簡を送った(『東京婦人矯風雑誌』第一号)。これがきっかけとなって、のちに植木は、『女学雑誌』の巖本善治らと合流し、全国的に廃娼運動の先頭にたつ。さらに、東京婦人矯風会の「一夫一婦制の刑法及民法に対する建白書」(元老院に提出)の起草を助ける。

他方、巖本は、一八八九年七月、島田かし子(筆名「若松賤子《しずこ》」)と結婚した。二五歳で巖本と結婚するまでの一四年間を、アメリカ合衆国からの女性宣教師(メアリ・キダー)設立のフェリス・セミナリー(女学校)で過ごした、いうなれば、宣教師が世に送り出した女性である。(42) 結婚式には植木も出席した。十月、『女学雑誌』は新聞紙条例に従うことを選び、廃娼運動にのりだす。十二月九日には、巖本の司会で、島田三郎(『横浜毎日新聞』)・植木を中心とする廃娼演説会が開催され、島田と植木の演説(「廃娼の急務」)が『女学雑誌』(第一九一号)の付録となる。

すでに述べたように、植木の廃娼論議は、「万国聯合会」の論拠を敷衍したものである。また、「公許」（「公然売淫の儲け」）が「文明世界の方向」に反し、「国家の体面」を汚すことを問題にしている。その点、娼婦の存在そのものが「女流の進化」に反するという理由から、娼妓の全廃を主張する巌本とは、同床異夢の観がある。にもかかわらず、両者は、「廃娼」へ向かって合流した。また、女性参政権に関して植木は支持、巌本は慎重な姿勢を崩さないが、廃娼運動を機に両者は合流するのである。

7　東京婦人矯風会の結成と『東京婦人矯風雑誌』創刊

以上は主に男性による廃娼論・運動である。女性が前面に立って行なう廃娼運動は、「東京婦人矯風会」の結成（一八八六〈明治十九〉年十二月）をもって画期をなす。この過程で「娼妾の全廃」の旗を高く掲げたのが佐々城豊寿である。[43]

「婦人矯風会」結成のきっかけは、アメリカ合衆国で結成されたＷＣＴＵ（Woman's Christian Temperance Union）が、世界ＷＣＴＵ（the World WCTU、万国婦人矯風会）を名乗って国境を越えた運動に乗りだしたことである。その書記メアリ・レビット（Mary Leavitt）が、一八八六年六月一日に横浜に上陸し、日本での遊説を開始した。

レビットは演説会（七月十七日）で、ＷＣＴＵの支部を東京に設立することを呼びかけ、[44]ここから、木村鐙子《とうこ》（夫・熊二とともに明治女学校を創設）を中心に、「婦人矯風会」の結成に向かう動きが始まる。鐙子がコレラで急死すると、巌本善治（『女学雑誌』の編輯・発行人）がその任を引き継いだ。

一八八六年十二月六日、日本橋教会で、「東京婦人矯風会」の発会式が挙行され、会頭に矢島楫子《かじこ》（一八三三‐一九二五）、書記に佐々城豊寿が選出された（関口 2015b:88-89、本書一四一頁）。

「娼妾の全廃」を掲げる「東京婦人矯風会主意書」、『女学雑誌』第六五号の発禁

『女学雑誌』第六五号（一八八七年五月二十一日）では、背表紙の裏に「特別広告」として、「東京婦人矯風会主意書」が「書記」（豊寿）名で掲載された。「時勢」に応えた、「国家の弊風」の「矯正」を高らかに宣言し、「娼妾の全廃」を第一の課題として掲げるものであった。

五月二十四日、巌本が「女学雑誌持主」として警視庁に召喚され、警視総監（三島通庸）より、「第六十五号は治安を妨害するもの」と認めるとして、『女学雑誌』の発行停止が申し渡された。そこで休刊して命を待っていると、六月三十日に再召喚されて、七月一日よりの停止解除を申し渡された（『女学雑誌』第六六号、七月九日）。

じつは、この号の社説「姦淫の空気」は、内閣総理大臣・伊藤博文に対する非難を含んでいた。一八八七年四月二十日、伊藤が、鹿鳴館の名花と謳われた戸田伯爵夫人（極子《きわこ》）を、こともあろうに首相官邸での仮装舞踏会の際に襲ったという噂が流れ、騒然とした。この問題を見過ごしてはならないと中島俊子（岸田俊子、湘煙）が奔走し、俊子に応えて巌本がこの社説を書いたと言われる（関

口2014b:73、本書一九一頁）。

『女学雑誌』第六五号は、社説に「姦淫の空気」、論説に「婦人文明の働《はたらき》」（佐々木豊寿子述）及び「婦人歎《たん》」（中島俊子）、特別広告に「東京婦人矯風会主意書」という布陣で、日本を覆う「姦淫の空気」を一掃せんとする画期的な号なのである。同時に、それは、時の権力者の性に関する行状の糾弾をはらむものであった。しかも、「婦人矯風会の演説」と題して、東京婦人矯風会主催の二日間の演説（会）、ことに五月十三日夜の厚生館での集会を、「聴衆男女打混《うちまぜ》ぜ凡そ一千二三百名あり」と報道していた。

問題は、他でもないこの号に、「東京婦人矯風会主意書」が掲載されていることである。そもそも、第六五号のうちの、いったいどの部分が「治安を妨害するもの」と認められたのかは明らかではない。やがて、「東京婦人矯風会主意書」が、「会頭　矢島かぢ子」名で、『女学雑誌』第七〇号（八月六日）にあらためて掲載された。それは、皇帝と皇后の恩徳を称え、その恩に「陛下の臣民《けらい》」として応えようと呼びかけるものであった。東京婦人矯風会は、皇室への忠誠という矢島が掲げた錦の御旗の下、出航することになったのである（関口2015b:89-91、本書一四二頁）。

『東京婦人矯風雑誌』

一八八八年四月には、『東京婦人矯風雑誌』の創刊にいたる。注目すべきことに、同誌は新聞紙条例に依る雑誌として出された。その結果、新聞紙条例では女子が「持主社主編輯人印刷人」となることが禁じられているため、形式上、男子を編輯、印刷・発行人に立て（編輯人は巌本善治）、「編輯委員」（実質的な編集人）に二人の女性（浅井柞《さく》と佐々城豊寿）がなったのである。

第一号には、「矯風会之目的」（浅井）が掲載された。浅井は、「娼婦も等しく之れ人なり、余儕《われら》が姉妹同胞にあらずや、よしや暗に風俗を維持するの功要ある者とするも、同体の人を以て之が犠牲に供するは、尚《なお》己れの病を癒さんと欲して他人の心胆を裂くが如し、不仁も亦甚しと云ふべし」と迫った。同号には、「東京婦人矯風会　会頭　矢島楫　書記　佐佐城豊寿」名で高知の植木枝盛に送った書簡と、これに応える植木の書簡が掲載されている。これは、同誌が新聞紙条例に依る雑誌だからこそ、可能であったのである。

ただし、東京婦人矯風会では、佐々城豊寿が書記を更迭されるという不可解な事件が起こった。

刑法及び民法に対する「一夫一婦の建白」と植木枝盛

一八八九年七月五日、「一夫一婦制の刑法及民法に対する建白書」が七〇〇余名の署名とともに東京婦人矯風会から元老院に提出された（『東京日日新聞』）。また、『国民之友』（六月一日）には、植木枝盛が五月二十三日に数寄屋橋会堂で一夫一婦の建白について演説したとあり、同七月二日には、「一夫一婦の建白」の「第一着として東京府下賛成者千有余名の連署を以て、既に元老院に提出した」、連署者はキリスト教徒に限らないとある。

植木の日記によれば、五月二十四日には、午前中「佐々城とよ寿」等が来訪、午後には明治女学校の文学会に出席している。同月二十六日は、矯風会の湯浅初宅での女性の会合に参加し、月末に湯浅を訪ねて「建白書草稿」を渡している。つまり、この建白書は、佐々城豊寿・湯浅初・植木枝盛等を核に起草され、その後一カ月程度で七〇〇余名の署名が組織されたと考えられるのである。

日記によれば、植木はこの後も、さまざまな人々と連日接触しており、同時に、白金の明治学院、横浜の海岸教会、赤坂会堂で演説している。六月十五日には「佐々城とよ寿」の家で、「徳富、巌本外一名」と会合した。そして、これが豊寿による「婦人白標倶楽部」発足の起点となる（本書一六〇頁）。七月になると、八日夜巌本善治が来訪し、十五日には「佐々木豊寿及婦人白標クラブ幹事等来る」。十八日には横浜海岸教会での巌本善治と島田かしの結婚式に植木も呼ばれる。結婚式の招待状は、証人となる中島俊子・中島信行から出されていた（本書一九五頁）。

こうして、民権派の一部とクリスチャンの一部（なかでも同等を求める女性）が重なってきたのである。矯風会中に鋭い対立を孕みながらも、豊寿を中心に「婦人白標倶楽部」を結成することによって政治的な動きがしやすくなったとみられる[45]。ある種の〝大同団結〟が展望されたと言ってもよい。

なお、『女学雑誌』は学術雑誌であったが、保証金を納めて、新聞紙条例により、第一八三号（一八八九年十月十九日）から時事問題を論じることが可能となった。このようにして、『女学雑誌』と『東京婦人矯風雑誌』が出揃い、国会開設を前にした布陣が作られた。あえて言えば、公娼制について「国会」で争うことも射程に入ってきたのである。さらに、翌一八九〇年四月には雑誌『廃娼』が創刊され、島田を長に巌本等が「東京廃娼会」を結成し、五月には東京婦人矯風会等も加わった

「全国廃娼同盟会」が明治女学校で結成された。

8　第一議会の動向

初の衆議院議員選挙を終えた一八九〇（明治二十三）年七月二十五日、政府は、「集会及政社法」を公布した。女性に関して言えば、政談集会の発起人から女子を除外し（第三条）、「女子ハ政談集会ニ会同スルコトヲ得ズ」（第四条）、「政社ニ加入スルコトヲ得ズ」（第二五条）とするものである。

なお、「集会及政社法」に関しては、従来、政治参加の文脈（具体的には民権派集会から女性を排除するのがねらいであるという文脈）で語られてきた。その側面は否定できないとはいえ、この時期、国会への女性の参入要求自体は、少なくとも残されている限りでは極めてわずかであり、ほとんどないと言ってもよい。また、女性が政談集会の発起人になる例は見当たらない。より実質的な文脈として、女性の会合や矯風会系の集会（教会での集会を含む）が政治や時事に触れれば、「政談」集会とみなされて「集会及政社法」によって弾圧されかねないという問題を引き起こしたのではないだろうか。ちなみに、一八八三年十月、女子教育を呼びかける演説をして、（学術演説会の届出であるにもかかわらず）政談に渉ったとして集会条例違反で投獄された岸田（中島）俊子の例がある[46]（本書一八四頁）。

東京婦人矯風会、婦人白標倶楽部は、それぞれ、政談集会の傍聴禁止（第四条）に関して改正の建白書を元老院に提出した。さらに、十月、衆議院規則案に「婦人は傍聴を許さず」とあることがわかり、「婦人の議会傍聴禁止に対する陳情書」（十月付）が、「有志総代」名で提出された。

十一月二十五日招集の第一議会では、十二月一日に、女性の傍聴禁止を削除した衆議院規則が可決された。

十二月二十日には、民権派が、「集会及政社法」の改正案を提出した。後の衆議院本会議（翌年三月一日）で同法を擁護した政府委員の清浦奎吾（内務省警保局長）は、「婦人は専ら内を務めなければならぬものである」のに、政社に加入するようなことがあったら、「女子の本分に背くことになり、家政上にも甚た不都合を来す」と答弁した。これに対して、植木が、この言葉は「婦人を以て未丁年視し、婦人を以て奴隷の如く語の中に唱へて居る、実に婦人を恥める の甚だしきものである、婦人も亦人間である、一国の人民である」と詰め寄った（『大日本帝国議会誌』）[47]。この日、衆議院は、女性を排除しないこの改正案、すなわち、政談集会の発起人になること・政談集会への会同・政治結社への加入を女性に認めるものを可決した。議長の中島信行は、この一週間後（三月十日）、何らかの理由で辞職願を出す（不受理）[48]。

以上のように、第一（及び第二）議会では、廃娼が直接論議に上ったわけではないが、女性の傍聴禁止を削除した衆議院規則を可決、さらに、とくに女性を排除するものではない集会及政社法改正案を衆議院で可決する（ただし第一議会では貴族院で審議未了、第二議会では解散で貴族院に回されず）[49]など、男女の同等、新国家への女性の包摂が激しく争われたのである。

ところが、中島（神奈川県五区選出）は、おそらく神奈川県（三多摩を含む）下の事情（「壮士」の暴行の激発など）から、次の第二回総選挙（一八九二年二月）への出馬を辞退せざるを得なくなる（関口2016b:72-73、本書二〇一頁）。これに、激烈な選挙干渉、植木の急死（同年一月）、マリア・ルス号事件の裁判長を務めた大江の落選等が重なる。

ここで、国会で、女性の同等・同権（参政権や廃娼等）をめぐって争う勢力は一気になくなったと言ってもよい。女性は公的機関から排除されただけでなく、国会で呼応する人々を失い、争う道すら突然見えなくなってしまうのである。豊寿は徳富蘇峰に、「植木君の遠逝は百人の政事家を喪ふより惜しく、特に婦人社会の為めには惜むべく、以後は女権拡張の道を止めたる如き感有之」と嘆いた（三月三日付蘇峰宛書簡）[50]。

以上のように、女性という視角からすれば、第一（及び第二）議会とそれ以後とでは断絶があるのである。

明治女学校の凋落と『女学雑誌』の廃刊、『婦人矯風雑誌』の発行停止

さらに、『女学雑誌』と相まって、女性に中高等教育を提供し、廃娼運動のセンターでもあった明治女学校が凋落する。一八九六年二月五日未明、明治女学校（麹町・下《しも》六番町）は、パン屋（表通りに面した長屋で、男性教員の寄宿舎の階下）から出火し、またたく間に灰燼に帰したのである。学校は、翌年、巣鴨《すがも》庚申塚の深い森の中に再建されるが、女学生が通うことは不可能に近く、影響力の急速

な低下、生徒数の激減は避けられなかった。さらには、巌本と女生徒等をめぐる醜聞がささやかれ、ついに、一九〇九年春廃校になる。『女学雑誌』の方は、第五〇八号（一九〇〇年三月）が、足尾銅山に関する田中正造の「鉱毒文学」掲載を理由に発禁となり、巌本自身も新聞紙条例違反で告訴され、結局、第五二六号をもって廃刊となる。つまり、全盛を誇った『女学雑誌』と明治女学校は人々の前から消え去り、しかも、その名声は潰え、醜聞に沈んだのである（関口 2014b:161-164）。その一方で、高等女学校令公布（一八九九年）、同施行規則制定（一九〇一年）により、遅まきながらの女子中等教育が、高等女学校（良妻賢母主義）体制として作られていく。

婦人矯風会関係では、一八九三年四月、何らかの抗争を経て（おそらく佐々城豊寿派を押さえて）「日本基督教婦人矯風会」が発足し、同年十一月、その機関誌『婦人矯風雑誌』が――停止していた『東京婦人矯風雑誌』の後継誌として――出版条例に準拠した学術雑誌として誕生した。『婦人矯風雑誌』は、第一五号（一八九五年一月）で発行停止処分を受けた（日清戦争での会員の昂奮を戒めた社説「一時の風波に迷ふ勿れ」が時事問題に触れたということらしかった）ため、『婦人新報』に改題して発行を続ける。『婦人新報』は、一八九七年五月二十五日より「新聞紙条例に従ひ保証金を納め政治を議し、時事をも論んじ得るやうにした」（「婦人新報改刊の辞」）（関口 2015b:111,123）。とはいえ、矢島の下で慎重な姿勢が続く。

また、刑法と明治民法（一八九八年六月に第四・五編公布）により、「妻のみの姦通罪・妻のみの離婚事由としての姦通」体制がつくられた。

ところが、同時に、この新民法の「公序良俗」規定（第九〇条「公ノ秩序マタハ善良ナル風俗ニ反スル事項ヲ目的トスル法律行為ハ無効トスル」）をテコに、公娼制の是非が、娼妓自身とその支持者によって争われることになるのである。

9　娼妓の「自由廃業」、娼妓取締規則の制定、大審院の後退

廃業届連署要求訴訟——娼妓稼業契約は無効

一九〇〇（明治三十三）年二月二十三日、函館の娼妓・坂井フタが廃業を求めて業者に対して起こした廃業届連署要求訴訟に関して、大審院は、（金銭貸借契約と「身体ノ拘束ヲ目的トスル契約」とは各自独立であり）「身体ノ拘束ヲ目的トスル契約ハ無効」であるとして、函館控訴院に差し戻す判決を下した。[51]「判決要旨」にいう（句読点引用者、以下同様）。

貸座敷営業者ト娼妓トノ間ニ於ケル金銭貸借上ノ契約ト、身体ヲ拘束スルヲ目的トスル契約トハ、各自独立ニシテ、身体ノ拘束ヲ目的トスル契約ハ無効ナリ。

五月七日には、アメリカ人宣教師モルフィー（ユリシーズ・グランド・マーフィー）に支援された名古屋の娼妓・藤原さとの廃業届連署要求訴訟に関して、名古屋地裁が、善良の風俗に反するものと

して、「娼妓稼業ヲ目的トセル本件当事者間ノ契約ハ本来無効ニシテ、何等ノ効果ヲモ生スヘキ者ニ非ス」という画期的判決を下した。(52)

これらは、「娼妓稼業」についているにも関わらず前借金が減らないことから、廃業届に業者が連署すること（「楼主の押印」）を要求して裁判所に訴え出たものである。言い換えれば、太政官達第二九五号（芸娼妓解放令）、あるいは、民法第九〇条（公序良俗）を根拠に、この契約（娼妓稼業・金銭貸借。前借金を娼妓稼業で返すとした契約）はそもそも無効ではないのかと娼妓自身が争い始めたのである。そしてついに、大審院は、廃業を権利として認めた（関口 2015b:118）。

すでに述べたように、近代日本の公娼制は、「仕事（性売買）で借金を返す」という認識枠組で女性の志願・主体性、規範意識――そして、無知――を引き出しつつ、ある場所へと誘導したのである。そして、その先には、隷属のシステムとも言うべきものがあり、そこから逃げ出すことは（物理的にだけでなく）しばしば不可能に近かった。

山室軍平の『社会廓清論』（警醒社書店、一九一四年）には、洲崎遊廓で貸座敷営業者と娼妓との間で取りかわされる「結約《けつやく》証書」なるものが掲載されている。冒頭には、「私《わたくし》儀《ぎ》今般貴殿方《かた》に於て娼妓稼業致候《いたしそろ》に付《つき》左記の通り結約致候」とある。全十条で、第一条には、「娼妓名簿登録の年限内は必ず貴殿方にて御家則一切の習慣を遵守し、誠実に業務に従事可致《いたすべき》事」とある。つまり、娼妓は、その家に入るにあたって服従を誓わされているのである。また、「借用金の弁済」に関して、「連署者一同連帯」責任が明記されている（第九条）。さらに、「揚代金」から食費・雑費等を（第三条）、また、

「負債償却資金」から洲崎病院入院中の費用等を（第四条）差し引く規定がある。その結果、（食費や雑費の計算が業者に握られているため）法外であっても気づくこともないまま、「年季」が有名無実にされて「年が明ける」ことが遠のくことが少なくなかった。しかも、娼妓は、「転売」される。

総じて、こうした「証書」の文言は、江戸時代の奉公人請状（親などが請け負うもの）を踏襲して手を加えたものである。何よりも第一条が、請状の決まり文句である「御家法の儀急度《きっと》相守、昼夜限らず御奉公大切に相勤」等に酷似している。ただし、身売り奉公請状の主体はまずもって人主《ひとぬし》（親）であったが、ここでは「私」、つまり娼妓自身が契約の主体になっている。また、江戸時代は「給金」先渡し（及び「前借」）であったが、ここでは「借用金」となっている（第二条）。つまり、親が給金を先に受け取る形式から、娼妓自身が「借用」して「業務」を通じて返すという形式になっているのである。同時に、江戸時代の奉公証文（主人への忠誠を誓うもの）を踏襲したものであるから、およそ通常の意味での契約と言えるものではなく、一言で言えば、隷属の誓いである。が、それが証書（契約）としての効力を持つことになるのである。

しかも、遊女等身売り奉公人の請状は、女衒《ぜげん》あたりが書き、はたして親が読めたかどうかも定かではなく、とはいえ、黒々と認められて一メートルを越すものも少なくなく、そのことによって、娘も親も覚悟をあらたにしたとみられるものであるが、[53] 近代に入って、これを踏襲したものが、活版印刷の候文の書式となって流通したのである。

「身売り」という言葉が消えることがなかったのは、その言葉が実感をもって使われるような無権利状態を、当人に強いることができたからに他ならない。つまり、弱者にそれを強制できる（弱者が受け入れざるを得ない）システムが、存在を認められていたのである。

とするならば、当の女性が、「そう思って（我慢して）いる」のを越えて、自分を縛っているこの契約はじつは無効ではないのかと意を決して争えば、裁判所はそれを認めざるを得ない、そのことをこれらの判決は示したのである。

「自由廃業」と救世軍

ところが、愛知県に例にとれば、勝訴したモルフィーらが娼妓を連れ出そうとすると、県の命令ということで警部長がそれを阻み、その際、「裁判命令と県令との衝突」だと形容した（モルフィー「東西二大陸の日本人」、一九二六年七月二十三日）。[54] そこで、娼妓を実力で救出することが課題となり、救世軍[55]をはじめとする少なからぬ人々（主に男性）が、それに加わった。

新聞報道では、たとえば『東京朝日』には、どちらの判決の報道もない。が、救世軍が吉原に乗り込んで娼妓に廃業を訴え、業者側から暴行を受けた（『東京朝日』一九〇〇年八月七日「吉原の大格闘（救世軍と妓夫）」、八日「救世軍殴打余聞」）のを機に、注目が集まる。「娼妓廃業問題と当局者の意見」という記事（八月十七日、十九日）では、「名古屋裁判所に於ける娼妓廃業の新裁決例」、「新民法施行」、「娼妓の自由廃業」等について述べており、ここで「自由廃業」という言葉が初めて出てくる。両者の衝突は頻繁になり、かつ、他の遊廓にも飛び火した。連日、多いときは一日にいくつも、五面にこの関連の記事が続く。

なお、「自由廃業」とは、前借金に縛られて年季が明けていない（したがって廃業届に業者が連署しない）にも関わらず、自分の意志で廃業することである。いわば、廃業の宣言・決行と言ってよく、娼妓が遊廓から逃げ出すこと、それを可能とする人々がいることが必要である。

なかでも、九月五日の救世軍等と貸座敷側との衝突（吉原遊廓、洲崎遊廓）は絵入りで華々しく報道された（『東京朝日新聞』九月七日、次頁図）。吉原遊廓の場合は、新万《よろず》楼娼妓綾衣《あやぎぬ》（中村八重）が、吉原の只中から手紙（九月一日付）で『二六新報』社に自由廃業を訴えてきたのを受けての救出作戦である。手紙には、裁判の中途で誰から何を言われようとも決心を変えることは神にかけてない、「命を捨てるとも御社の御顔にかゝはる様な事は致さず候」、「御社の御力を以て自由はいげふ相叶ひ候様両手を合せ御願申上ます」とある（『二六新報』九月七日に掲載）（関口 2016a:23）。

東京以外でも、たとえば『山陽新報』は、九月に入ると全国の自由廃業に関する記事を、およそひと月にわたり詳しく報じた(56)。

娼妓取締規則（内務省令第四四号）の制定

娼妓の自由廃業が相次ぐ中、一九〇〇年十月二日、内務省が「娼妓取締規則」（内務省令第四四号）を発令した。

まず、娼妓の年齢を、従来の十六歳以上から十八歳以上に引き上げた（第一条　十八歳未満ノ者ハ

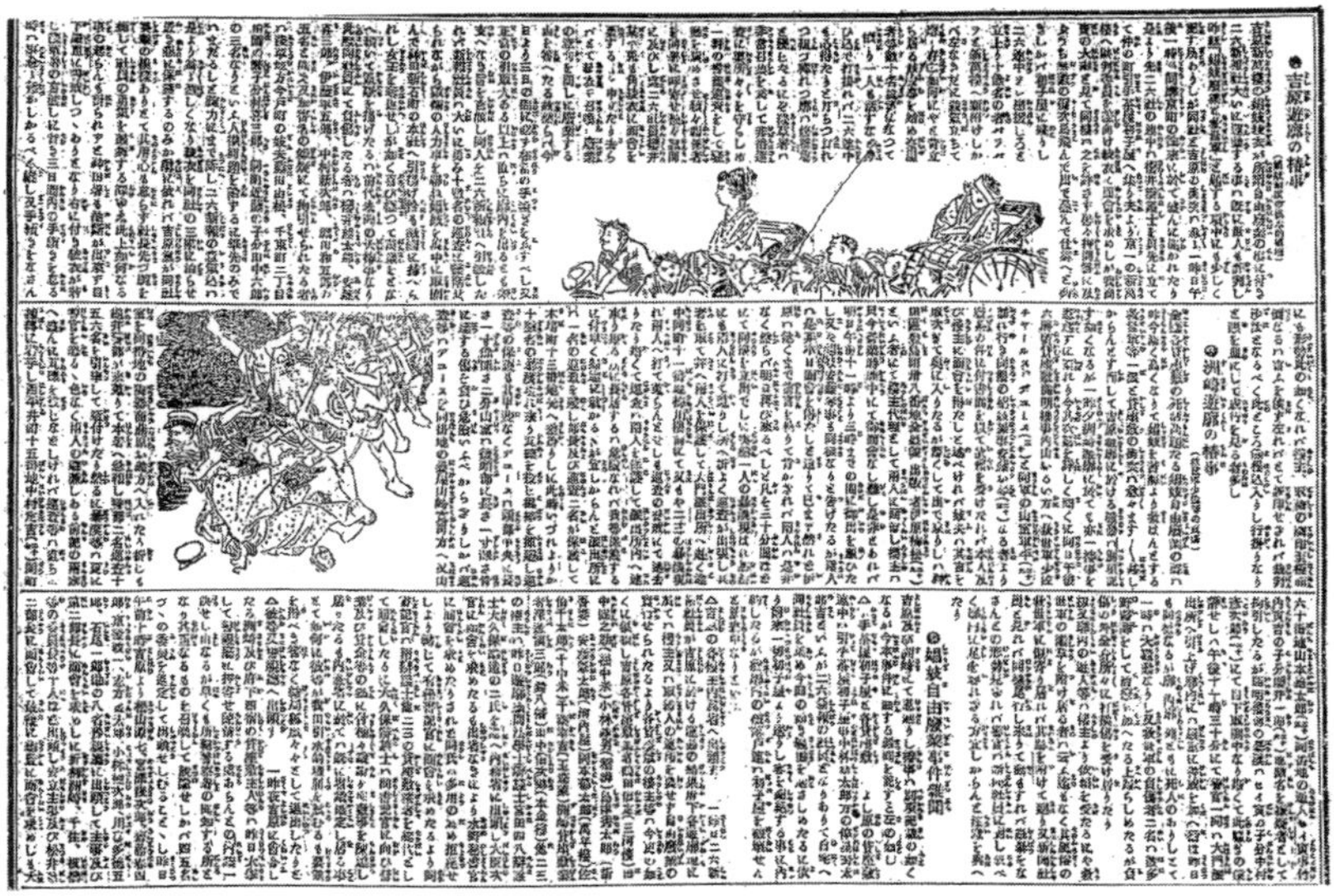

「吉原遊廓の椿事」（『東京朝日新聞』1900〔明治33〕年9月7日付）

娼妓タルコトヲ得ス）。

その上で、娼妓の廃業の手続きを定めた。廃業（娼妓名簿削除）の申請は、本人が警察署に出頭して書面又は口頭で行なうことを原則とするが、事情が認められる場合は、郵送等による廃業届を承認するとした。また、廃業届を受理した時は直ちに削除することとした。

第二条　娼妓名簿ニ登録セラレサル者ハ、娼妓稼ヲ為スコトヲ得ス。〔後略〕

第五条　娼妓名簿削除ノ申請ハ、書面又ハ口頭ヲ以テナスヘシ。〔後略〕

　警察官署ニ於テ娼妓名簿削除申請ヲ受理シタルトキハ、直ニ名簿ヲ削除スルモノトス。

第六条　娼妓名簿削除申請ニ関シテハ、

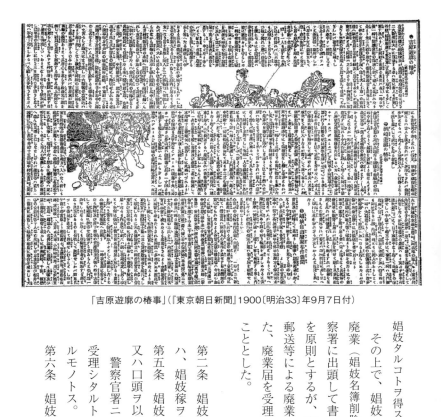

何人ト雖妨害ヲ為スコトヲ得ス。

この時、風紀関係を扱う警視庁第二局の部長は、内務省書記官を兼ねた松井茂であり、前借金と自由廃業は関係ないという趣旨を明言した[57]。つまり、前借金を理由に娼妓の廃業を阻んではならないということであり、自由廃業を認める画期的な措置であった。

また、通信・面接・文書閲覧等の自由を規定した（第十二条　何人ト雖娼妓ノ通信、面接、文書ノ閲覧、物件ノ所持、購買其ノ他ノ自由ヲ妨害スルコトヲ得ス）。

ただし、同時に、居所の制限、検黴制等が明文化された。

第七条　娼妓ハ、庁府県令ヲ以テ指定シタル地域外ニ住居スルコトヲ得ス。〔後略〕

第八条　娼妓稼ハ、官庁ノ許可シタル貸座敷内ニ非サレハ之ヲ為スコトヲ得ス。

第九条　娼妓ハ、庁府県令ノ規定ニ従ヒ健康診断ヲ受クヘシ。

こうして、娼妓の廃業の手続きが明文化され、しかも、楼主の連署が不要になった。

『婦人新報』第七九号（一九〇三年十一月）によれば、一九〇〇年九月に「彼の吉原遊廓新万楼の娼妓綾衣が自由廃業の魁をなせし以来」一九〇三年十一月中旬までで（すなわち、三年余で）、「府下九遊廓中自由廃業をなしたる者の総数」は二五四五人、内訳は、吉原七六三人、洲崎四四五人、新宿一〇五人、品川一〇一人、千住七四人、その他（板橋、八王子、調布、川越、府中）だという。なお、全国では、この規則制定後の二年間でおよそ一万人以上の廃業者があったともいう[58]。

ただし、大審院の後退により、その数は大きく減っていく。

大審院の後退――娼妓営業による債務弁済は、公序良俗に反しない

自由廃業の率先者・娼妓綾衣（「自由廃業の率先者として其名《そのな》をさ〳〵隠れなき吉原新万楼娼妓綾衣事《こと》本名中村八重（二十）」）はその後京都で扇子《おうぎ》折りを渡世としていたが、新万楼主より貸金三百円請求の訴訟を起こされた。そこで、一九〇一年三月十六日京都地方裁判所に出廷して、既に娼妓稼ぎで請求金は返金したと主張した（『東京朝日』三月十八日）。だが、この主張は認められず、三月二十二日敗訴した（同二十四日）。「貸金返済」を求めて楼主が裁判に訴え、裁判所がこれを認めるということが始まったのである。

一九〇二（明治三十五）年二月六日には大審院が、名古屋控訴院から上告した大熊キン外二名に対して、「娼妓営業」は公認されているものであるから、娼妓（債務者）が楼主（債権者）に対し自己の営業を通じて債務を弁済すると約束したことは、毫も公序良俗に反しないと判示した。判決要旨にいう[59]。

娼妓営業ハ公認セラレ居ルヲ以テ、債務者タル娼妓カ債権者ニ対シ、自己ノ営業ヨリ生スル収益ヲ以テ其債務ノ弁済ニ供スヘキコトヲ約スルモ、毫モ公ノ秩序若クハ善良ナル風俗ニ反スル所ナシ。

ここに、娼妓取締規則と、債権・債務を認める判決群（娼妓稼業契約と金銭貸借契約は別個の契約であり、廃業しても借金は残る、さらに、そもそも契約は公序良俗に反しない）の体制が成立する。(60) ちなみに、「別個の契約」という同じ論理が、先には、「自由廃業」を認める判決、後には、自由廃業しても借金は残るという判決になっているのである。

桂太郎内閣下で大審院の後ろ盾を得たこうした「貸金返済」要求は、さらに強まっていく。一九〇二年十一月四日に婦人矯風会（矢島楫子・潮田千勢子）と廃娼会（大儀見元一郎・モルフィー）の連名で内務大臣（内海忠勝）に提出した建白書(61)は、廃業を決行する娼妓の数が大いに減ったこと、廃業した者も再び復帰する現象が見られることを指摘して、その理由として、多くの場所ことに地方小都会において、楼主が廃業した娼妓の親戚等の財産を差し押さえる手段に出ていることがあり、しかも、じつは、それは、廃業した娼妓を脅迫して再度娼妓にさせようとする方法に他ならないと指摘する。そして、「所謂貸金と称するものも無効の契約」であるのに、大審院は「楼主と娼妓の間の前借金も、普通一般の貸借と同視し娼妓に於て返済の義務ありと判決」したと批判し、「娼妓たらしむるを以て目的とする総ての貸借は一切禁」じるように建白した。だが、建白は容れられなかった。

なお、前述した「結約証書」（洲崎遊廓。山室軍平『社会廓清論』、一九一四年）には、「万一稼業年限中、他の貸座敷へ稼換《かせぎがえ》、又は廃業の節は一切の借用金を即日完済可致事」（第七条）とあり、あらかじめ「廃業」を事実上封じている。また、本締結事項に関する訴訟は、貸座敷営業者在住地の裁判所を管轄裁判所とすることに、「本人及連署者一同」が合意している（第十条）とされている。大審院の判決は、こうした証書の横行を許したのである。

以上のように、楼主と娼妓の関係をあくまで債権者と債務者とみなす大審院の判決は、苦境のなかで立ち上がった娼妓を「借金」で追いかける──楼主が債権者として娼妓を追いかける（高利貸し等に追いかけ回させる）──ことを許し、自由廃業運動を圧殺するものとなったのである。

戦勝と遊廓、「婦人記者」管野須賀子の活躍、「大逆事件」

さらに、日露戦争後の一九〇六（明治三十九）年二月二十四日には、和歌山県で、県議会の建議を受けて県知事（清棲《きよす》家教《いえのり》）が公娼設置を許可した（新宮をはじめ県下三箇所）。和歌山県は、群馬県と並んで二つだけ残っていた公娼のない県であるから、「廃娼県」をなくすという意味で象徴的行為でもある。

地元の『牟婁《むろ》新報』では、大阪婦人矯風会の会員（文書課長）でもあった「婦人記者」管野須賀子（「幽月女」）らが、公娼設置（置娼）を弾劾する激烈な論陣をほぼ一カ月にわたって張った。「戦捷《せんしょう》の余栄とかで一等国に進んだとか何とか、口に文明を叫んで居る日本が公然売淫を奨励するとは、何たる矛盾でありませう、何たる痴《たわ》けさ加減でせう。余りの事に開いた口が塞がらないではありませんか。」と、管野は訴えた（幽月女「県下の女子に檄す　……咄、置娼……」、『牟婁新報』第五六六号、同年三月三日）（関口 2014a:93）。

管野は、「文明国」であるならば公娼廃止が当たり前であるのに、また、ようやくここまで進めて来たのに、公娼設置（置娼）とはいったい何事か、「開いた口が塞がらない」ではないかと弾劾したのである。なお、同じ頃、群馬県安中教会牧師の柏木義円は、論説「兵営と遊廓」（『上毛教界月報』同年六月十五日）で兵営の近くに遊廓を置こうという動きが出てきており、「戦争に強きと淫乱とは日露戦役に於て日本が表せる二ツの特色だとの評もあるさうだ」と指摘している。[62] 日露戦争「勝利」に勢いづいた、戦勝と遊廓の連関という言説が表舞台に出てきたのである。管野の言論活動は、こうした動向を迎え撃つものであった。

数年後、管野には、桂太郎内閣（第二次）下でデッチ上げられた「大逆事件」の被告（「紅一点」）として死刑が宣告され（一九一一年一月）、一週間後に処刑される。従来、こうしたことは管野の「社会主義者」としての活動に関係すると見られてきた。だが、それだけでなく、公娼制を弾劾した言論活動と関係するのではないかと疑われる。というのも、管野の活動は、婦人矯風会という一種の安全装置とその信条・レトリックから抜け出て、キリスト教徒という枠を越えて一般紙（「社会主義」系等）で、同時に、女性という枠を越えて読者一般（主に男性）に、公娼制廃止を呼びかけるものであったからである。「社会主義者」と大ざっぱに括られて「大逆」を問われた被告たちのなかに、公娼制弾劾運動を担ってきた人々（クリスチャンや仏教徒等）が少なくないことも偶然とは思われない。

なお、管野は、『牟婁新報』に先立ち『大阪新報』で、第五回内国勧業博覧会（一九〇三年）で余興として計画された「浪花踊り」（市内の各遊廓から選ばれた芸妓が、遊廓単位で競演するもの）開催阻止のキャンペーンを張った（関口 2014a:57-60）が、これは、のちに天皇の即位式（一九一五年）を前に婦人矯風会が展開することになる、芸妓の参画阻止の大キャンペーンの先駆けをなす。

10　『廓清』創刊、『青鞜』と公娼制、夏目漱石と公娼制、男子「貞操義務」

この頃の登楼者数は、日本史研究者の横田冬彦によれば、たとえば、京都の市部で、一九〇〇年頃年間のべ七〇万～八〇万人であり、日露戦争後から二十年ほどで二～三倍に急増し、一九二八年頃に一八六万人というピークをなす。これは、京都府の「遊客名簿」から算出したものである。同名簿は「貸座敷規則」で義務づけられたもので、客の名前・住所・年齢・職業・風貌・登楼下楼時間・消費金額・相方娼妓などが記載されており、所轄警察署の検印がある。客の年齢は、ほとんどが二〇～四〇歳代である。言い換えれば、ざっと計算すると、市内在住の二〇～四〇歳代の男性のすべてが、年平均八回以上登楼したことになるという。このような、都市の壮年男性のほとんどがほぼ毎月遊廓へ行く――しかも、自分の家族（母・妻・娘）が住む同じ都市空間において――すなわち、買春が日常行為として組み込まれている状況を、「大衆買春社会」と横田は名づける。そして、これは、一九一〇～二〇年代の大都市で成立し、三〇年代には周辺農村をも捉えていったとみる。[63] 言い換えれば、日露戦争を起点に、公娼制から自由な「新しい男」の足場は、次第に危うくなってくるのである。

おそらくこうした「大衆買春社会」の広がりに応じて、さまざまな動きが起こってくる。

『廓清』創刊と、公娼制廃止の好機到来

一九一一年四月、吉原が全焼した。婦人矯風会は再建反対・吉原全廃の大運動を起こすが、実現させることはできなかった。この苦い経験を経て、七月、廃娼運動の全国組織として「廓清会《かくせいかい》」が結成された。会長に島田三郎が選出され、矢島楫子、安部磯雄が副会長に就任して、機関誌『廓清』を創刊した。

一九一四（大正三）年一月、衆議院予算委員会で島田三郎がシーメンス社から海軍上層部への賄賂を追及したのを機に内閣弾劾の声（「海軍を廓清する」等）が高まり、山本権兵衛（海軍大将）内閣は三月末総辞職し、四月には大隈重信（廓清会顧問）が首相に任命された。

さらに、翌一九一五年三月総選挙での大勝を受けて、島田（同志会）が衆議院議長に選出された（六月）。公娼制廃止のまたとない機会が到来したのである。安部磯雄（廓清会副会長・早稲田大学教授）は、「総選挙の結果と吾人の任務」（『廓清』第五巻第四号（同年三月））で、「大隈伯の如きは、確に公娼制度は断じて廃止せなければならぬと考へて居られる人であると私は信じてゐるから、若し輿論が充分に之を推すといふ事であるならば、今の内閣は喜んで公娼制度の全廃を敢行するに相違ない

と思つてゐる」と述べた。

日本基督教婦人矯風会は、四月一日からの大会を京都（同志社女学校）で開催し、秋の天皇の即位礼を前に次の二大決議をする（『婦人新報』第二一四号、一九一五年五月）。

一、公会ノ席上ニ醜業婦ヲ侍セシメザル事、其他凡テ風俗ヲ紊乱スル行動ノ取締ヲ厳重ニセラレン事ヲ其筋ニ請願スル件

一、精神的記念運動トシテ今後満六年ヲ期シ公娼全廃ヲ議会ニ請願スルノ《ママ》件

大会初日には内閣総理大臣大隈重信からの長文の祝辞が寄せられており、即位礼関連から「醜業婦」（芸妓）を排除せよという婦人矯風会の訴えは、無視できない重みをもつものとなってきていた。これを受けて『廓清』は、「御大典に就て芸妓を公開の席に出さないといふ件と、公娼制度を廃止したいといふ二件」について名士に意見を求め、その返答を掲載した（第五巻第九・一〇号〔同年十月〕「芸娼妓問題に就いて八十名家よりの来翰」、第一一号「芸妓問題に対する四百名家よりの来翰」）。これによれば、回答者のほとんどが芸妓を大典関連で出すことには反対であり（柳原義光など皇室関係者の一部も含む）、公娼制を廃絶すべきだと考えている名士も少なくない（軍上層部の一部も含む）。ちなみに、美濃部達吉（東京帝国大学法科大学教授）は、公娼制の「全廃には賛成致兼候」、吉野作造（同）は、「第一項には賛成仕候へ共第二項には無条件にては賛成仕難候」と回答している。[64] つまり、美濃部、吉

野とも、公娼制の即時全面廃止を支持してはいない。

『青鞜』と公娼制――「吉原登楼事件」

一九一一年九月、初の女性の高等教育機関である日本女子大学の卒業生を中心に、文芸雑誌『青鞜』が創刊された。編輯発行人は、「らいてう」こと平塚明子《はるこ》である。

翌年、『青鞜』は、妻のみに課された姦通罪に叛旗を翻した。荒木郁《いく》の短篇「手紙」がそれである（『青鞜』一九一二年四月）。心のふれ合わない結婚生活をしている女性が、別れた恋人に思い切って書いた手紙という趣向であり、姦通罪という脅かしに真っ向から反逆するものであった。『青鞜』に初めての発売禁止処分が下る。

この後、スキャンダルが『青鞜』を襲う。七月上旬、尾竹紅吉《おたけべによし》（一枝）のお膳立てで平塚ら女性三人で吉原を見に行くと、「女文士の吉原遊」（『萬朝報』七月十日）と、スキャンダルに仕立て上げられたのである。後年、（富本）一枝によれば、「平塚さんの方はいろいろ話を聞き出そうとされるのに向うは（中略）逆に『青鞜』のことばかりききたがりました」（座談会「『青鞜社』のころ」。『世界』一九五六年二～三月）という。(65) 相手の花魁《おいらん》（栄山）は、はたして『青鞜』が自分たち、「身売り」される女のことまで考えてくれるのか訊き出したかったのではないだろうか。『青鞜』はこの「吉原登楼事件」をめぐってメディアで袋叩きにあうわけだが、背後には、娼妓と『青鞜』（「新しい女」）が結びつくことを何としても阻むという意図が働いていたのかもしれない。

逆風の中で、平塚はさらに「世の婦人達に」（一九一三年四月）で、「私共はこんな無法な、不条理な制度に服して迄《まで》も結婚しやうとは思いません。妻とならうとは思ひません」と、現行の民法・刑法下での結婚制度を敢然と拒否した。すると、警視庁から出頭を命じられた（「二十五日午前十時までに出頭しろという葉書が警視庁の高等検閲係から来ました」。五月号「編輯室より」）。さらに、この作を収めて出版した平塚の『円窓より』（東雲《しののめ》堂、一九一三年五月）が発禁になる。[66]

その前にはすでに、『青鞜』（同年二月）が発禁になっていた。「新しい女」及び「婦人問題」を再特集したもので（「附録　新らしい女、其他婦人問題に就て」）、福田英（景山英子）の「婦人問題の解決」、伊藤野枝の「此の頃の感想」等が掲載されていた。『読売新聞』（二月九日）は、「雑誌『青鞜』の二月号は八日午前安寧秩序を害するものと認定されて大浦新内相から発売を禁止された」と報じ、内務省書記官に「何処が「安寧秩序を害す」に相当するかを訪ねたが従来抵触する点に就いては発表しないことになって居るとばかりで更に要領を得ない」と続けている。なお、目前には、「青鞜社講演会」（二月十五日）の開催が迫っていた。[67]『中央公論』（一九一三年六月）は、「婦人界の新思潮に対する官憲の取締」を特集する。

「ウォーレン夫人の職業」

こうした内務省・警視庁との緊張関係のなかで、『青鞜』は第四巻第一号（一九一四年一月）の附録で、前年三月有楽座で上演されたバーナード・ショーの戯曲「ウォーレン夫人の職業」を取り上げて、劇（村田実一座）および脚本の合評を、らいてう（平塚）・野枝（伊藤野枝）・花世（西崎花世）・KI（岩野清子）が行なった。ヴィヴィーが、母との口論で、寄宿舎に入って大学まで出た自分の学業（数学）はじつは母の性売買業によって購われていたと知らされ、母と家から去って独立した職業につくという話で、「ウォーレン夫人の職業」、すなわち、性売買という職業をめぐって二人の言い分が繰り広げられる。

平塚は、まず、劇はひどいものであったから脚本に拠るとして、ウォーレン夫人は「今では欧州の各地に何軒も店を所有し、自分はその支配人の位置を占めている」、そして、夫人がヴィヴィーに親しく交際せよと紹介したクロフツはその資本主であると説明する。そのうえで、ショーを「旧き制度、道徳、宗教、習慣等あらゆるコンヴェンシオンに対する破壊者」と評価し、そのショーの化身たるヴィヴィーにして、なぜ、「「売淫」に対してもつと広い、公正な、根本的な見解と、徹底した態度とを示し得なかつたのだらう」と疑問を呈する。

伊藤は、ウォーレン夫人の職業が「い丶か悪いかの問題は今は預つて置く」としたうえで、「無暗と賤しいとか悪いから止めろと云ふやうな事を日本でも盛んに云つてゐる」、「賤劣だとかやれ何とか云ふのは他に割のい丶楽な仕事を持つた所謂教育のある婦人や無自覚な妻君たちの云ふことだ」と批判し、「私は寧ろ蔑視される賤業婦達の〔中略〕悲痛な気持に同感する」と宣言した。社会の現状での女性の性売買は当然である（何ら非難されるべき謂われはない）という立場であり、これは、性売買自体を悪、あるいは、国辱とする婦人矯風会等がとってきたレトリック（「醜業」「醜業婦」、「賤業」「賤業婦」観）とは異質である。

こうした伊藤の立場は、性売買をする当人に寄り添って、その（権利とまでは言わないとしても）正当性を主張するものであり、その意味で、社会からの圧力、国家による犯罪化への反抗の契機をはらむものである。ただし、「ウォーレン夫人の職業」は、他に手段のない貧しい女性が性売買をしているというものではない。夫人はすでに国際的に性売買を組織する側の一員なのである。にもかかわらず、伊藤の論評にはこの点の考察がない。なお、「伊藤野枝子編」の翻訳『ウォーレン夫人の職業』（エッセンスシリーズ三〇、青年学芸社、一九一四年八月）の冒頭におかれた論考「ウォーレン夫人の職業に就いて」（伊藤野枝）では、ウォーレン夫人が貴族やクロフツと一緒に「大勢の醜業婦を自由に働かせて、ブラッセル、ヴヰーン、ベルリン等方々に店を出してそれを支配してゐる」としている。

「新しい女」たちの「婦人矯風会」批判

その後、「新しい女」たちの批判のエネルギーは、概して国家にではなく、「婦人矯風会」へと向かう。矯風会の用いる、芸娼妓を蔑むレトリック（「醜業婦」）が槍玉に挙げられるのである。

まず、与謝野晶子が、「婦人を侮辱する矯風運動」（『人及び女として』〔一九一五年六月〕に収録）等で批判を開始した。『太陽』の連載コラム「婦人界評論　鏡心灯語」（『太陽』第二一巻第九号、一九一五年七月）では、芸妓も日本国民である以上大典を祝する感情に相違あるはずがないから、祝賀会から排斥する理由はないと主張し、同時に、芸妓に対する「醜業婦」という蔑称は適切でないとした。(69)

これに対して、矯風会の若手・久布白落実《くぶしろおちみ》が「矯風漫録（与謝野晶子女史に対ふ）」（『婦人新報』第二一九号、一九一五年九月）で、「如何に立派に着飾つて居ても、あゝ云ふ職業をする人は賤い者だ、つまらぬものだと云ふ事をしつかりと婦女子の心の底に打ち込むことは、堅実なる家庭を造り、国家の基礎を据うる上に於いての最も大切な事柄です」と応じた。[70] 次いで、廓清会の伊藤江南〔秀吉〕が「与謝野晶子女史に与ふ――芸妓問題に就て」（『廓清』第五巻第九・一〇号、一九一五年十月）で正面から反論した。江南は、「婦人矯風会が御大典奉祝の公開席上に、芸妓を侍せしめまいとする運動をなしつゝある」のを与謝野が非難したが、「私達は婦人同性の間から斯うした反対の声を聞かうとは予想しなかつた」と驚きを表明した。そして、芸者は醜業婦・売淫婦である、私娼の一表現であるという前提に立って、与謝野を逐条的に批判した。これに対して、与謝野が再び、『太陽』のコラム「鏡心灯語」で激しく反発した（『太陽』第二一巻第一三号、一九一五年十一月）。[71]

『青鞜』では平塚が退いて、第四巻第一一号（一九一四年十一月）から伊藤野枝（十九歳）が編輯発行人になっていた。伊藤は、「傲慢狭量にして不徹底なる日本婦人の公共事業について」（『青鞜』第五巻第一一号、一九一五年十二月）で、「こんどの御大典にあたつてかなりの問題となつた芸娼妓の奉祝」を取り上げて、芸娼妓を「賤業婦」と呼んではばからない「婦人矯風会」に対して、傲慢だと怒りを爆発させた。「『賤業婦』と彼女達は呼んでいる。私はそれだけで既でに彼女達の傲慢さを、または浅薄さを充分に証拠だてる事ができる」、と。

だが、問題は、「婦人矯風会」の傲慢さには、「六年間をちかつて公娼廃止を実現させると社会に公表した」（伊藤）ことが含まれていたことであった。婦人矯風会は、そのレトリックはともあれ――性売買で生きる女性たちを、自分たちは高みに立って、「醜業婦」・「海外醜業婦」（国辱）と呼ぶものであったとしても――即位式関連への芸妓の参列反対・「公娼」廃止の大運動に打って出て、それが争点になっていたのである。

野枝の論評を見過ごしておくことはできないと、会員ではない青山菊栄（のちの山川菊栄）が投書して、貴婦人たちの「慈善」の欺瞞性に対する批判には賛同するとしたうえで、公娼制を「こうした奴隷売買兼高利業を保護する政策」と呼び、問題は公娼制そのものではないか（「公娼廃止運動という事はあなたのおつしやるほど無意味な無価値な問題ではない」、「それどころか〔中略〕しなければならぬ事だ」）と指摘して、公娼制廃止（廃娼）に向けて、「賤業婦」を蔑視する従来の論理からとは異なる立場から呼びかけた（「日本婦人の社会事業に就て伊藤野枝氏に与ふ」、『青鞜』第六巻第一号、一九一六年一月）。

なお、付言すれば、徳川支配下（江戸時代）から引き接いだ公娼制の特徴は、まず、性売買を悪しきものとして禁圧しておいて（つまり、人々から性の自由・決定権を奪っておいて）、公権力の下でのみ性売買を許す（公許する）というものである。性売買自体を悪とする点では、婦人矯風会等のレトリックにはこれと共振するものがある。したがって、これを越えて、女性の性の自由・性売買を含む自己決定の正当性を主張する必要があった。野枝等の「婦人矯風会」批判がそれであり、同時に、従来の研究の多くが見過ごしてきたことであるが、菊栄の「私娼」の厳罰化批判がそれである。ただし、野枝は同時に、「公娼より私娼は一層社会の風俗を乱すことになる」等の見方を示しており、女性の性の自己決定を支持するのか、「公娼」を廃止すべきなのかという点があいまいであった。これに対して菊栄が、公娼は「名実共に私娼より不正であり有害である」と主張した（さらに、「公娼廃止と共に私娼に関しては無干渉主義をとらせたい」とした〔「公私娼の問題」『新社会』〕）のである。

ちなみに、野枝が激しく反発した、いうなれば、強者の側についてもの申す「婦人矯風会」の姿勢は、「東京婦人矯風会」が、一八八七年に「会頭　矢島かぢ子」名の主意書（『女学雑誌』第七〇号）をあらためて出して、皇帝と皇后の恩徳に「陛下の臣民《けらい》」として応えようと呼びかけて以来のものである。こうした姿勢は、矯風会がたんに「貴婦人」である（地位が安定している）ことを示すものではなく、大日本帝国下のクリスチャンという、あやうい位置で改革運動に乗り出さざるを得ないことの反映であり、そこでとられてきた戦術という面もある。

なお、「新しい女」と矯風会の論争のその後について付言すれば、矢島楫子自身が「母等の叫び」（『婦人新報』第二三二号、一九一六年十月）で、「近来はまた自由恋愛等と新らしい理屈をつけて、昔の畜妾と同じ関係を保つ人々も見受くるやうになりました」「どうか若い人々が、「新らしい」とい ふ衣を着た悪魔の声に耳を傾けずに」欲しいと訴えた。対して平塚らいてうが「矢島楫子氏と婦人矯風会の事業を論ず」（『新小説』一九一七年六月号）で、矢島を論ずるように依頼を受けたと断ったうえで、「氏の事業の多くは直接婦人に関係することのみ」であり、「決して私どもが意味するところの婦人運動者ではない」と断じ、「矯風会の運動のごとくその理論的方面を欠いた運動があるでせうか」と問いかけた。これに対して、久布白落実《くぶしろおちみ》が「矯風会の内的歴史（平塚明女史の評論を読みて）」（『婦人新報』第二四一号、一九一七年八月）で、「我々としては、女子の屈従的貞操を破壊するよりも、むしろ、それに生命を吹き込み、同時に男子に真の意味に於ける貞操を守つて貰ふ事を要求するに有ります」と説明した。[72]

概して、公的な場からの芸妓の排除と公娼制の廃止を主張する矯風会は、そのロジックの弱点を「新しい女」たちに突かれて防戦に回っている。矯風会は『婦人新報』と『廓清』という表現手段を確保してはいるとはいえ、「新しい女」の矯風会批判を掲載する媒体は少なくない。ちなみに、この頃鮮烈なデビューを飾った中条百合子の「貧しき人々の群」（『中央公論』一九一六年九月）にも、基督教会に集まって慈善をしようとする「町の婦人連」「奥様方」を偽善者とみなす見方が第十二章から第十五章にかけて展開されている。こうした言論の場では、公娼制廃止を掲げる矯風会は、受身に立たされるのである。他方、「新しい女」と括られる女性たちは、「婦人矯風会」を鋭く批判しても、公娼制廃止の論陣を張るわけではない。こうした状況で、問題は「婦人矯風会」などではなく、公娼制そのものではないのかと青山菊栄が迫ったのである。[73]

「私娼撲滅、公娼寛遇」

『青鞜』は、野枝の反論「青山菊栄様へ」（第六巻第一号、一九一六年一月）に対する、菊栄の「更に論旨を明かにす」を掲載した号（同年二月）をもって終わった。半年後、菊栄は、「公私娼の問題」

（「現代生活と売春婦」に改題）を『新社会』（一九一六年七月号）に寄稿する。じつは、菊栄は、同誌六月号に掲載された、「私娼撲滅、公娼寛遇」という警視庁の新方針に対する堺利彦の反応（「公娼寛遇といふことが、娼妓の束縛を大いに寛大にするといふ意味ならばいささか結構」）に、「公娼を認めておいて「寛遇」するなどという政府の欺瞞政策、業者保護の口実を「結構」がることは恐ろしいこと」[74]と感じていたのである（関口 2016a、本書二二五頁）。

ちなみに、この警視庁の新方針については、廓清会も「警視庁の公娼拡張」として反対していた。『廓清』（第六巻第九・一〇号、一九一六〔大正五〕年十月）は、巻頭の「廓清時言」（伊藤江南）で、「大隈内閣の功と罪」を次のように挙げている。「既に国政を執る事満二ケ年の今日」、花魁道中の禁止と桑港博行芸妓の渡航禁止等は「些か快心の事に属す」、「然れども昨秋の御大典に於ける芸妓問題の大運動に対しては、頗る隔靴掻痒の感に堪へざらしめ、遂に飛田遊廓の設置に於て現内閣を呪ふの止むなきに至り、更に警視庁の公娼拡張によつて、大隈内閣の何等《なんら》従来の内閣と撰ぶ処なきを確信せしめたりき」と。

なお、ここにいう「飛田《とびた》遊廓の設置」とは、大阪の難波新地遊廓が一九一二（明治四十五）年一月に焼失した際、林歌子（大阪婦人矯風会会長）らが先頭に起って再建反対の大運動を起こし、ついに、廃止の府令を勝ち取った、それにもかかわらず、一九一六（大正五）年四月、口約していた「難波新地遊廓の代地」と称して、天王寺付近の飛田に遊廓地として二万坪を大阪府庁が指定したものである。

こうして、矯風会が先頭に立って「御大典に於ける芸妓問題の大運動」を巻き起こしたにもかかわらず、努力は実を結ばなかった、そればかりか、ようやく廃止にこぎつけた大阪の遊廓もあらためて建設され、他方では、警視庁の新方針が出されたのである。この現実に直面した矢島楫子（日本基督教婦人矯風会会頭）は、「権利のなき者の無力」を痛感し、女性参政権の主張を打ちだすに至る（「婦人参政権の必要」、『廓清』第五巻第一二号、一九一五年十二月）。

以上のように、公娼制廃止の絶好機が到来したにもかかわらず、活かされることはなかった。とはいえ、『廓清』が掲載した名士のアンケート結果は、公娼制に反対、少なくとも疑問を呈する名士が少なくないことを示していた。

夏目漱石と公娼制

夏目漱石（金之助）は公娼制問題について直接触れていないが、これには、「自由廃業」問題が『東京朝日』を賑わしていた当時日本にいなかったことも関係するかもしれない。漱石は、一九〇〇年九月八日に横浜を出航し、イギリス留学から戻ったのは一九〇三年一月であるから、自由廃業問題が紙面を賑わせていた頃、日本を留守にしていたことになる。

新聞小説「三四郎」（『朝日新聞』一九〇八年九～十二月）の主人公は、「新しい女」（美禰子）の出現を前に、女性と如何なる関係を作ったらよいのか戸惑う「新しい男」（候補）である。ただし、冒頭では、「東京」へ向かう汽車で乗り合わせた、名もない女が登場する。諸事情で同宿することになると、別れ際に、「女は其顔を凝《じつ》と眺めてゐた、が、やがて落ち付いた調子で、「あなたは余つ程度胸のない方ですね」と云つて、にやりと笑つた」。性関係に入らない三四郎を嘲笑うこうした女性は、性行為をすべくそこにいる、たまたま居合わせた名もない女、すなわち、娼妓を思わせる。言い換えれば、これに続く三四郎の狼狽は、娼妓に見返されたことによる狼狽とみることもできるのである。

じつは、公娼制のある社会で、〝(性行為を)待ち受けている女〟にどう対処するのか、彼女の体現する社会的圧力をどうかわし得るのかという問題は、読者である「新しい男」(候補)たちにとって密かな悩みであったと思われる。つまり、有り体に言えば、仲間同士で登楼した場合などにどう対処し得るのかという問題である。その意味で、この設定――断崖・絶壁に追い詰められて、飛び込まないのかと女に迫られる――は、読者にとって全く心当たりのないことではなかったのではないだろうか。

そもそも、根津の遊廓が存続を許され、坂の上(本郷)に「東京大学」が創られた(一八七七年)わけであるから、学生の生活は遊廓と不可分であった。娼妓という〝金で買える女〟が身近にいる環境である。そこで育った彼等が、エリートの一翼となっていく。同時に、江戸の戯作者の精神は、そのある種の反骨精神・知的権力性とともに、「東京」の文化の一角となる。『小説神髄』(一八八五年九月)を発表する坪内逍遙(雄蔵)が、それに先立って同年六月から「春のやおぼろ戯著」として『当世書生気質』を発表したのは示唆的である。このように、「東京」とその知的世界に対する根津遊廓の影響は無視できない。

むろん、東京大学が「帝国大学」となる(一八八六年)より前に、根津遊廓は移転を命じられ(最終的には一八八八年六月を期限に移転して洲崎遊廓となる）、他方で、キリスト教の本郷教会（一八八六年創立）や本郷中央教会（一八九〇年創立）が建てられて、苦悩する人々を迎え入れる——『三四郎』で美禰子が会堂《チャーチ》から出てくるように——のではあるが。

三四郎は、こうした環境で、「新しい男」になるのかが問われたのである。大学の目と鼻の先に遊廓があるという状況は免れたにせよ、主要な都市に遊廓がある状況は変わらない。環境が変えられない以上、それを忌避する責任は個人に委ねられ、個人の選択・逡巡・迷いの問題となる。しかも、三四郎は「全く耶蘇教に縁のない男」である。冒頭から「女」をよけ損なった三四郎のあやうさは、こうした状況を映していると言えるのではないだろうか。

「三四郎」に限らず、女から飛び込み（性行為を示唆）を促され、怯んだ男が罰せられるという場面は、漱石作品の中で何度も繰り返されていく。「そんなに可愛いなら、仏様の前で、一所に寐ようって、出し抜けに、泰安さんの頸《くび》つ玉へかぢりついた」という『草枕』（一九〇六年）の那美さんと坊主（泰安）、「もし思い切つて飛び込まなければ、豚に舐められますが好う御座んすか」と聞く「夢十夜」（『朝日新聞』一九〇八年）第十夜の「一人の女」と庄太郎、さらに、「嘘だと思ふなら是から二人で和歌の浦へ行つて浪でも海嘯《つなみ》でも構はない、一所に飛び込んで御目に懸けませうか」という「行人」（『朝日新聞』一九一二〜一三年）のお直と自分（二郎）がそれである。（関口 2014b:220-221）。〝飛び込まなかった男に対する女の懲罰〟が繰り返されることからすれば、具体的体験如何の問題はおくとしても、この種のことが漱石の心的外傷《トラウマ》となっていたとみても差し支えないであろう。

このように突如として〝飛び込み〟を迫る一方で、漱石作品のヒロインには、（性売買を示唆する）身勝手な男の性欲、結果としての性病罹患、その妻・子への影響（なかでも流産、さらに死）という影がある（「明暗」の清子など）。

さらに、「彼岸過迄」（『朝日新聞』一九一二年一〜四月）の「松本の話」では、松本から「小間使の腹から生まれた」と告げられた主人公・市蔵が、「僕を生んだ母は今何処《どこ》に居るんです」と思い切って尋ねると、「彼の実の母は、彼を生むと間もなく死んで仕舞つたのである」、「それは産後の日立《ひだち》が悪かつた所為《せい》だとも云ひ、又は別の病だとも聞いてゐる」と松本が解説する下りがある。つまり、主人公は、「小間使」に主人が生ませた子であり、その女性（実の母）は、「産後の日立《ひだち》が悪かつた」ないし「別の病」で、生むと間もなく死んでしまったと設定されているのである（関口 2015a:12-13）。

以上のように、漱石作品には、一方で、飛び込まないのかと迫る女、他方で、身勝手な男に翻弄され、流産や死にいたる女、さらには、「生むと間もなく死んで仕舞つた」小間使い（実の母）が現れる。こうしたことは、作家自身の人生と何らかの繋がりがあるのではないかと疑わせる。

この後、漱石は、「細君」を正面に据えた「道草」（『朝日新聞』一九一五年六〜九月）で、ぶつかりあう夫婦・対等な男女を描き、同時に、自分の子ども時代を検証していく。そこで、母方の身内は遊廓経営者であり、子どもの頃、廃業して空き家になっていたその遊廓（新宿「伊豆橋」）で自分は育ったことに気づく（関口 2014b:250）。ついで、「明暗」（同一九一六年五月〜十二月）では、自分への忠誠を夫に求める、「新しい妻」を描く。いうなれば、それは、夫の「貞操」を疑う妻であった。

「夫の貞操」の問題化・「男子貞操義務」判決

「ウォーレン夫人の職業合評」を掲載した『青鞜』第四巻一号（一九一四年一月）では、「編輯室より」で「清」（岩野清子）が、「過日国民新聞紙上「男子貞操論」中で」嘉悦孝子が男子の蓄妾はやむを得ないことだと主張したことを批判していた。『青鞜』はすでに、荒木郁の短篇「手紙」（一九一二年）で姦通罪を公然と批判していたが、他方での男性の「貞操」義務、ないし、夫の「姦通」の処罰がようやく社会の問題に上ってきたのである。[75]

「姦通」の処罰は、法律上、夫婦で基準が異なっていた。刑法姦通罪（第三五三条）では、処罰対象は妻の姦通であり、夫の姦通は問題にならないのである（「有夫ノ婦、姦通シタル者ハ（中略）重禁固ニ処ス。其相姦スル者亦同シ。此条ノ罪ハ本夫ノ告訴ヲ待テ其罪ヲ論ス」）。改正刑法（一九〇八年施行）でも、大きな変化はない。夫が問題になるのは、「有夫ノ婦」（既婚女性）と「相姦スル」場合である。言い換えれば、姦通罪の主な法益は、夫が妻に対して貞操を要求する権利である。大審院は、「凡ソ夫ハ妻ニ対シテ貞操ヲ守ラシム権アルモノナリ」とする（一九〇三年）。また、民法（第八一三条離婚の訴。「夫婦ノ一方ハ左ノ場合ニ限リ、離婚ノ訴ヲ提起スルコトヲ得」）において、妻の姦通は、無条件の離婚事由になる（第二号）が、夫は、姦淫罪によりて――「其相姦スル者亦同シ」（刑法第三五三条）によって――刑に処せられたる時（第三号）である。

一九一九（大正八）年、臨時法制審議会が設置され、その民法改正論議で、夫の「姦通」、夫の「貞操義務」が議論にのぼってくる。

青鞜社解体後、平塚らいてうは、婦人会関西連合大会（『大阪朝日』主催、一九一九年十一月二十四日）の席上で講演し、「新婦人協会」の設立趣意書を配布した。以後、同婦人会は、西日本で三〇〇万人の会員を擁する「全関西婦人連合会」（全婦）へと発展し、他方、平塚が市川房枝らと結成した新婦人協会は、女性の政治活動を禁止する治安警察法（治警法）第五条の改正、花柳病男子の結婚制限、衆議院議員選挙法改正（女性参政権の要求）の請願を議会へ提出する（一九二一年一月）。なお、「花柳病」とは、梅毒・淋病等の性病のことで、性売買の結婚生活への深刻な影響を取り上げて国に対処を要求する、女性の声が上がったといえる。治警法第五条改正は衆議院で採択されたが、三件とも貴族院で審議未了となった。ついで、一九二二年三月、治警察法第五条の第二項のみが第四五議会で改正されて、女性の政治集会参加が合法になる。

臨時法制審議会の民法改正作業においては、審議会の幹事・穂積重遠《しげとお》（明治民法起草委員）が、「夫ノ姦通ヲモ離婚原因トナスコト」を主張し、臨時法制審議会の第二六回総会（一九二五年五月二十五日）では、美濃部達吉が、穂積案から後退した原案に対して「夫又ハ妻ニ不貞ノ行為アリタルトキ」に改める修正案を提出して争った(76)。

他方では、大審院は、夫の貞操義務の法的性質が問われた事件につき、一九二七年七月に中間決定を、翌年五月に終局判決を下した。そこでは、「夫ニモ貞操ノ義務ガアル」とされた（「男子貞操義務判決」）。そればかりでなく、その際、民法第八一三条第三号及び刑法が男子の姦通を処罰しないことを、「古来ノ因襲ニ胚胎スル特殊ノ立法政策ニ属スル規定」と言い切ったのである。

さらに、二七年末には、臨時法制審議会の「民法改正要綱」が発表され、離婚原因に「夫ガ著シク不行跡ナルトキ」が加えられた（「親族編中改正ノ要綱」は一九二五年、「相続編中改正ノ要綱」は二七年に作成）。すでに婦人矯風会は、民法公布直前の「刑法及民法改正の請願」（一八九〇年三月）以来、夫の不貞や遊廓通いも姦通として処罰する刑法改正を主張して、妻のみならず夫も罰する夫婦両罰の請願を続けていたが、「夫の貞操義務」を社会が認めるところまでようやく近づいてきたのである。

改正要綱に基づいて、一九二八年、司法省に民法改正調査委員会が設置され、法案作成作業が始まった。一九三〇年には吉岡弥生、井上秀子らが婦人同志会を結成し、「民法親族編並相続編中改正ニ関スル建議案」を第六四議会に提出した[77]（一九三三年）。また、刑法学者・滝川幸辰《ゆきとき》は、妻のみの姦通罪の不平等性を『刑法読本』（一九三二年）で指摘した。このように、夫の「姦通」の問題化、夫婦の対等の「貞操」義務への動きが始まったのである[78]。

こうした動きには、二側面があるといえる。一方では、夫の「姦通」という視角・離婚事由としての承認問題は、「妻のみの姦通罪」体制を揺さぶるものである。他方、妻の買春体制があるわけではないが、夫には買春が公に保障されたままである。すなわち、娼妓稼業を公序良俗違反ではないとした大審院判決があることと合わせると、ここでは、夫の買春までは踏み込んでいないと考えられるのである。

以上のような、公娼制をめぐる判決、夫の「姦通」という視角・離婚事由としての承認問題は、従来別々に扱われてきたが、「姦通」が買春も含むとすれば、両者は重なる問題である。（そもそも、婦人矯風会は、「妓に接する」ことも「姦通」と定義していた。一八九〇年三月提出の「刑法及民法改正の請願」中にも、「有妻の男子にして、妾を蓄へ妓に接するは姦通なり」とある。）にもかかわらず、ここでは、極めて限定的な一九二七年の事例――婿養子が家出して、妻とは別の女性と同棲している場合――に則して、「夫にも貞操の義務がある」ことが認められたのである。

11　人身売買禁止の国際的動向と、帝国議会での公娼制廃止法案審議

「婦人及児童ノ売買禁止ニ関スル国際条約」問題

日本史研究者の小野沢あかねによれば、一九一〇年、婦女売買禁止に関する国際条約がヨーロッパの数カ国の間で締結され、第一条で、未成年の女性に対しては、本人が同意していても売春に勧誘してはならないこと、第二条で、成年の女性に対して、暴力や脅迫、詐欺などの手段を使って売春に勧誘してはならないことを取り決めた。この気運はさらに高まり、一九二一（大正十）年九月三十日には、国際連盟で「婦人及児童ノ売買禁止ニ関スル国際条約」が調印され、成年の年齢が二十一歳に引き上げられた。

このことは、前年国際連盟に加入して常任理事国となった日本に衝撃を与えた。日本（内地）では十八歳、台湾では十六歳（一八九六年の「貸座敷並娼妓取締規則」）、朝鮮では十七歳（一九一六年の「貸

座敷娼妓取締規則」）以上の女性が娼妓になることを認めていたからである。国際条約と国内法が矛盾し、ひいては、公娼制の廃止が問題になるのである。(79)

結局、一九二一年十月二十日、日本政府（原敬内閣）は、現状を変えないまま、すなわち、年齢制限を二十一歳に代えて十八歳とする権利を留保し、また併合した朝鮮・台湾、関東州、樺太、委任統治領には条約を適用しないという条件をつけて加入通告した。

なお、批准は一九二五年九月で、政府（加藤高明内閣）は十二月に公布した。外務大臣は幣原喜重郎、内務大臣は若槻礼次郎であった。

帝国議会での公娼制廃止法案審議

こうした国際的動向と関東大震災での惨状を背景に、帝国議会で公娼制に関する論戦が始まる。帝国議会において公娼制の存廃がはじめて議論されたのは第四一議会（一九一九年）であり、二年前に衆議院議員になった弁護士横山勝太郎（憲政会）が「公娼制度ノ存廃ニ関スル質問」を行なった。第四五議会（一九二二年）には、横山が「公娼制度廃止ニ関スル建議案」を提出し、また、横山と斎藤宇一郎が「婦女ノ人権保護ニ関スル法律案」（賛成者二五名）を提出した（ともに審議未了）。(80)同法律案は、「婦人及児童ノ売買禁止ニ関スル国際条約」の趣旨に沿って、欺罔《ぎもう》もしくは暴行脅迫して芸娼妓営業等をさせる者（第二条）、また、こうした目的で十五歳未満の女子を養子とする者（第四条）に懲役刑を課すものである。同時に、芸娼妓の廃業に対する妨害は「六月以上七年以下ノ懲役」に処す（第六条）としている。

一九二三（大正十二）年九月一日の関東大震災で吉原遊廓は灰になり、その際、膨大な数の娼妓等が圧死・焼死・溺死した。営業不能になったこの機会をとらえて、吉原の再建を許さず、全国的にも廃娼の断行を政府に要望しようということで協議がまとまり、十一月、婦人矯風会の久布白落実、羽仁もと子、さらに山川菊栄らによって「全国公娼廃止期成同盟会」（公娼廃止期成同盟）が結成された。同同盟は、声明「国民に訴ふ　公娼の全廃に就て」（山川菊栄起草）を発表する（本書二二〇頁）。

議会では、「焼失遊廓再興不許可ニ関スル建議案」（賛成者九二名）が、松山常次郎（政友会）外二名によって臨時議会（第四七議会）に提出され、衆議院で趣旨説明が行なわれ（十二月二十二日）、星島二郎（革新倶楽部）が賛成演説を行なった（委員会で審議未了）。[81]

日本史研究者の藤野豊によれば、第五〇議会（一九二五年）には、松山常次郎らが超党派の議員立法として、「公娼制度制限ニ関スル法律案」を提出し、委員会（「公娼制度制限ニ関スル法律案委員会」）で審議された。松山は、公娼制が「花柳病を助長することになる」と主張し、他方、反対の議員たちは異口同音に、公娼制を廃止したら私娼が増え、その結果、性病が蔓延する、したがって、性病予防のためには公娼制が必要であると主張した。同法律案は委員会で否決後、一五七対五三で衆議院本会議で否決された。[82]

また、星島二郎（政友会）と内ヶ崎作三郎が、条約批准後の一九二六年二月（第五一議会）に、条約調印での年齢条項の留保の撤廃とそれに伴う娼妓取締規則の改正を求める建議案（「婦人児童ノ売買禁止ニ関スル国際条約ニ対シ帝国政府ノ留保条件撤廃並ニ娼妓取締規則改正ニ関スル建議案」、賛成者九五名）を提出した。[83]

これは建議第一五九号となった。同時に、同建議が、併合地等（外地）に条約を適用しない問題に触れていないことが注目される。

他方で、一九二〇年代〜一九三〇年代初頭には、遊廓内の女性の自由廃業・ストライキ（条件交渉や廃業を求めたもの）が相次いでいた。[84] なかでも、一九二六（大正十五）年四月、吉原の娼妓・春駒（森光子）が、「白蓮女史」宅（柳原燁子・宮崎龍介宅）に駆け込んだことで世間は大騒ぎになった。彼女の手記『光明に芽ぐむ日』（文化生活研究会、一九二六年十二月）、『春駒日記』（同、一九二七年十月）が出版され、公娼制廃止の気運が大きく盛り上がる。

この渦中（一九二六年五月）、全国警察部長会議において、内務省警保局長（松村義一）が、公娼制改廃についての諮問案を突如として提出した。これが報道されると、輿論は騒然となり、全国主要日刊紙はそろって廃娼論を主張した。婦人矯風会の久布白落実が、廓清会に両組織の統合を呼びかけ、「廓清会婦人矯風会連合」（後に「廓清会婦人矯風会廃娼連盟」、略称「廃娼連盟」）が六月に結成された。同連合は、府県会に対して猛烈な公娼廃止請願運動を開始した。[85]

他方で、一九二七（昭和二）年二月、「婦人及児童ノ売買禁止ニ関スル国際条約」の年齢条項の留保が、若槻礼次郎内閣下で撤回された。同時に若槻内閣は、同月、「花柳病予防法」案を第五二議会に提出した。梅毒・淋病・軟性下疳を「花柳病」と規定して、「伝染ノ虞アル花柳病ニ罹レルコトヲ知リテ売淫ヲ為シタル者」に懲役刑を課す等の規定を設けた。同法は成立し、一九二八年九月一日に施行された。これによって、従来娼妓取締規則で検黴を義務づけられていた公娼に加えて、私娼（芸妓・酌婦など）も花柳病予防法による検黴の対象となったのである。他方で、夫婦間の性交による感染は対象外とされた。[86]

ちなみに、すでに山川菊栄は、無産政党の綱領に関する「「婦人の特殊要求」について」（『報知新聞』一九二五年十月五〜十六日）で、「婦人の特殊要求」（政治研究会の婦人部が提出した修正案）の一つとしての「公娼制度の全廃」について論評し、その際、強制検黴は「最大の人権蹂躙」であり、「公衆衛生の見地からこれが必要を信ずる者は、進んで男子にも強制検黴を行ふことを主張せねばならぬ」「売笑婦に行ふ以上は、その顧客にも行はねばならぬ」と主張し、同時に、公衆衛生の見地からこの問題を論ずることは本来的外れであるとした。また、婦人部修正案における「公娼全廃」とは、いわゆる「公娼」の廃止を意味するにとどまらず、強制検黴を施し、鑑札を与えて、売淫を国家公認の営業として認可する制度の廃止を意味するもので、集娼制度、散娼制度を問わず、したがっていわゆる「私娼」も含むものとすると主張していた（本書二二五頁）。

伊藤秀吉（廓清会）の『日本廃娼運動史』（廓清会婦人矯風会廃娼連盟、一九三一年）[87]によれば、第五二議会（一九二七年）には、板東幸太郎（憲政会）、星島らが「公娼制度制限並ニ廃止ニ関スル法律案」を提出した（上程にはいたらず）。新たな貸座敷営業を禁じ、一九三一年五月をもって娼妓稼業・貸座敷営業を禁止するものである。

第五六議会（一九二九年）には、安部磯雄（廓清会理事長・社会民衆党党首）、星島ら四名が、ほぼ同様の「公娼制度廃止ニ関スル法律案」（一九三五年五月をもって禁止するとするもの）を提出した。衆議院本会議に上程され、数回の委員会の後否決になったまま、会期終了した。提案理由説明で、安部は、風紀上から見ても人道上から見ても衛生上から見ても、もはやこういう旧い制度（公娼制）を維持すべきでないと力説し、星島らは、（前借制による自由の拘束は人身売買であるとして）前借制の廃止、及び、「婦人及児童ノ売買禁止ニ関スル国際条約」に沿って娼妓年齢を二十一歳に引き上げること等を主張した。これに対して、内務省警保局長（横山助成）は、公娼制はやむを得ない政策であり、不必要な自由の拘束はない・拡張はしない・前借と娼婦稼業は分離していると、内務省の統一見解を繰り返した[88]。第五八議会（一九三〇年）にも、三宅磐（民政党）、星島らが「公娼制度廃止ニ関スル法律案」を提出し、議事日程に上ったが、議会混乱のまま会期終了した。

浜口雄幸内閣の動向

第五九議会には、三宅磐ら一一名（星島二郎、松山常次郎、片山哲（社会民衆党）等）が、五八名の賛成者の名前を付してほぼ同様の法律案を提出した（一九三〇年十二月二十七日）。

翌年二月十四日衆議院に上程され、委員会では、星島の質問に対して、外務政務次官の永井柳太郎が答弁した（二月十九日）。永井は、すでに国際連盟第五委員会（一九二九年）において日本委員（武者小路公共）が、「公娼制度ハ日本ノ国内ニ於テモ非常ニ非難ヲ受ケルヤウニナッテ、此制度ノ廃止ニ伴フ議論ガ起ッテ居ルカラ、近キ将来ニ於テ其廃止ヲ見ルニ至ルカモ知レナイ」、そのための一切の手続きは内務省に一任していると発言していると述べて、さらに、「其国際連盟ニ於テ日本ノ委員ガ発言ヲシテ居リマスヤウニ、吾々ハ公娼制度ハ人間ノ人格 竝《ならびに》 自由ト矛盾シタ制度デアルト思ヒマス、一種ノ奴隷制度ト言フコトモ出来ルト思ヒマス、出来ルダケ速ニ斯ノ如キ制度ガ廃止セラレテ、人間ノ人格ノ尊厳ト自由トガ確認セラル丶社会ノ建設セラル丶コトヲ希望スル次第デアリマス」と答弁した。星島は、この「外務当局トシテノ御答弁」を非常に喜んだ（「公娼制度廃止ニ関スル法律案（三宅磐君外十名提出）委員会議録　第二回」）[89]。政府当局者の口から、公娼制廃止の必要が明言されたのである。

ただし、委員会でも廃娼派は少数派で、法案は一一対六で否決された。とはいえ、「本案は重大問題であるから、政府は大調査期間を設けて調査すべし」という付帯決議がなされた。その結果三月二十三日再び本会議に上程されて、そこで再び否決される。「敗けはしたが議会の空気が本年は全く一変した、始めて曙光を感じた。我々は必ず近き然《ママ》来に勝てる確信を得た」と提出者たちは喜んだ[90]。

委員会での永井のこうした姿勢は、（前年、海軍軍令部や枢密院の反対を抑えてロンドン海軍軍縮条約に調印した）浜口内閣の国際連盟重視姿勢・国際協調主義に通じるものである。この頃、国際連盟では、一九三〇年には東洋婦女売買調査団がついに組織されて、日本とその植民地・勢力圏の調査が開始されていた（一九三一年六月には調査団が来日して、調査や廃娼団体との懇談を各地で行なう）。浜口は一九三〇年十一月狙撃されるから、二月十九日の永井の答弁は、浜口の療養中、事件の影響の渦中でなされたものである。なお、二月五日には、政府が婦人公民権法案を議会に提出し（年齢二十五歳以上で、市町村に限るという制限的なもの）、同月二十八日衆議院本会議で可決された（貴族院本会議で否決）。体調が悪化した浜口は四月辞任し、八月死亡、そして、九月にはいわゆる満州事変が仕掛けられる。さらに、翌年二月、浜口内閣の蔵相であった井上準之助（民政党）が射殺される。

こうした事態は、従来、外交政策（ロンドン海軍軍縮条約調印）・財政政策（金解禁とデフレ政策）の観点から説明されてきた。だが、浜口内閣への集中的なテロ、軍部の突出には、既存の男性セクシュアリティ（規範《ノーム》とされる男性セクシュアリティ）、及び、規範的な男性性の変更の動きに対する激しいリアクションという面があるのではないかと疑われる。[91] ちなみに、永井と星島等の「公娼制度」をめぐるやり取りは、『朝日』等一般紙では報道されていない。公娼制廃止問題は緊張を孕んでいるのである。

なお、浜口雄幸自身、第四五議会（一九二二年）に横山勝太郎（憲政会）外一名が提出した「婦女ノ人権保護ニ関スル法律案」の賛成者（二五名）に名を連ねている。他方、横山は浜口内閣で商工政務次官に就いた。星島二郎（弁護士）は、東京帝国大学の「新人会」のメンバーであった。東大学生基督教青年会（俗称「本郷ＹＭＣＡ」、会長吉野作造）の会員でもあり、東大のクリスチャン学生が始めた雑誌『大学評論』（一九一七年一月創刊）の発行人をしていた。[92] 永井柳太郎は、同志社中学を経て早稲田大学を卒業したクリスチャンであり、演説の才を大隈重信に認められてオックスフォード大学に留学した経験があった。

国際連盟では、一九三三年、「国際連盟東洋婦人児童調査委員会報告書」が公表され、日本の関係する国際的婦女売買を取り締まるためには、公娼制度の廃止およびそのための官民合同の調査委員会の設立が必要であるとの提言をした。[93]これを受けて内務省が、同年廃娼運動団体などとの官民合同対策委員会を設立し、一九三四年には公娼制度廃止の方針を表明する。[94]

廃娼勢力は、地方議会で決議を積み上げていく戦略をとって地方議会への請願に力を注ぎ、その結果、一九三〇年前後から廃娼決議県（四〇年までに神奈川県・岡山県など一四県）、廃娼実施県（四一年までに埼玉県・石川県など一四県）が続出した。ただし、廃娼県は、娼妓を「酌婦」の名目にする、ないし、「芸妓」に性売買を認可することで公娼制を事実上存続させたのであるが。[95]つまり、「娼妓」「芸妓」「酌婦」が同様の範疇になってきたのである。

こうしたなかで、一九三三（昭和八）年五月二十三日の内務省令第一五号によって、娼妓の外出は制度上は自由になる。さらに、全国警察部長会議（一九三四年五月十六日）において、公娼制を近い将来廃止することが明らかにされた。

一九三五（昭和十）年、内務省が四月頃廃娼を断行すると伝えられ、二月、廃娼連盟は解散を決定し、三月、「国民純潔同盟」を発足させる。

12　「廃娼断行」案と、そのお蔵入り

ところが、公娼制廃止の動きは止まる。詳細は明らかではないが、議会における存娼派の猛反撃と、大勢としての、「外地」における戦争の本格化――何よりも、「慰安所」の設置に軍が乗り出していくこと――があげられる。

そもそも、一九三五年頃の日本（内地）で大々的に報じられた「廃娼断行」の動きをどうみるのか、つまり、内務省は本気で廃娼に向かうつもりだったのか、軍の意向はどうだったのか等の問題は、容易に決着をみていない。[96]この問題につきまとう曖昧さは、廃娼か否かの決定権が内務省に委ねられていることに起因する。つまり、根本的には内務省のさじ加減一つだからである。

軍に関しては、すでに一九三二年の（第一次）上海事変の際、長崎県知事に要請して「慰安婦団」を招いたという、上海派遣軍参謀副長・岡村寧次の回想がある。[97]他方、帝国議会では、一九三五年三月、突如として存娼派が巻き返し、衆議院で、娼妓営業公認の建議案が採択される。内務省警保局長（唐沢俊樹）は、「世上、公娼制度廃止伝えられるが検討中であり、存続か廃止かの決定はみていない」旨の答弁をした。同月、「娼妓取締法案」（廃娼反対・公娼制強化）が佐藤庄太郎ほか九三議員（賛成議員総計二七〇人、衆議院議員の過半数）によって提出され、委員会で審議ののち、可決された（ただし、審議未了のまま議会閉会）。[98]

つまり、すでに一九三二年には「慰安婦団」の需要が軍の一部で生じており、さらに、一九三五年三月には、廃娼連盟の解散の後で、議会で存娼派が猛然と巻き返し、「廃娼」が宙づりになったのである。

内務省警保局が作成した公娼制廃止案（「公娼制度対策」、一九三五年九月）[99]は、「廃娼制度ヲ採用スル」として、現行の規則（「内務省令娼妓取締規則及各庁府県令貸座敷取締規則」）を廃止して、娼妓と貸座敷の警察公許を撤廃するというものである。だが同時に、以上のような変更は「形式的転換ニ過ギズ、云ハバ看板ノ塗換ヘニ過ギズ」と明言し、「黙認制度」を採用するとして、料理屋・酌婦として料理屋・酌婦取締規則によって取り締まるとする[100]。

言い換えれば、前借金等の「身売り」の実態には手を付けず、「公娼」（「貸座敷・娼妓」）という看板を下ろして、「料理屋・酌婦」に看板を塗り替えるというものに過ぎない。つまり、「廃娼制度」とは、「公」の看板を下ろすだけ、「黙認制度」ならば「廃娼制度」であるという詭弁を弄するものであり、こうした意味での「廃娼断行」に内務省は傾いていたとみられる。

なお、名目は異なっても「公娼」に等しいもの（警察管理下）であるという問題に関連して、藤野豊は次のように述べている。「東京には、吉原のような公娼地帯だけではなく、玉の井のような私娼の集住地帯もあった。こうした集住する私娼に対しては、花柳病予防法のもと、公娼並みの性病検診を実施すれば、警察は黙認してきた。したがって、日本の買売春許容の国策を支えてきたのは、厳密に言えば公娼・黙認私娼制度と言うべきものであった[101]」。つまり、「公娼」（地域）と（周辺の）黙認私娼（地域）があったことになる（この二種類が警察の管理下であり、この地域外の性売買が弾圧の対象になる）。これに従えば、内務省の「公娼制度対策」（一九三五年）とは、「公娼」の部分も黙認私娼に変えて（つまり、「公娼」の看板を下ろして）全体として黙認私娼として管理するというものである。

だが、こうした「廃娼」すら、「断行」にはいたらなかった。その直接の原因に、貸座敷業者が「公」の看板を下ろすことに抵抗したことがある。業者側は、「売笑問題対策協議会」で、やむを得ず公認されなくなる場合には、娼家営業が禁止・処罰されないという明確な法律の制定を求めていた[102]。だが、娼家営業が許されているという法律を制定すれば、「廃娼」する（「公」の看板を下ろす）意味がなくなることは言うまでもない。

なお、この「売笑問題対策協議会」とは、一九三三年三月以来、星島二郎を中心に、一方に、三宅磐などの廃娼派代議士、松宮弥平（廃娼連盟理事長）、伊藤秀吉（廓清会）、他方に、各遊廓の三業組合（業者）代表、存娼派代議士等が一堂に会した場である。星島は初めから、貸座敷・娼妓が「事実上は存在しても致方ないが、看板だけは塗りかへてもらひたい」という主張をした。第一〇回協議会（一九三四年三月）で、公娼制度を廃止し、貸座敷・娼妓という名称をなくしても、業者は他の名称で営業を継続できるということで両者の合意が確認された[103]。こうした趣旨の公娼制廃止案をつくって、星島は内務大臣（山本達雄）に提示するが、はねつけられたという[104]。「満州事変」（一九三一年九月）以来の戦火の拡大と遊廓ブームの再来の中で、星島らは最低限一致できる点を探ろうとしたということになるのだろうか。いずれにせよ、「看板ノ塗換ヘニ過ギズ」と明言する内務省の公娼制廃止案（「公娼制度対策」）は、これを叩き台にしたものと考えられる。

13　公娼制と「慰安所」

以上のように、「廃娼」は宙づりになり、骨抜きにされた。その一方で、軍（なかでも陸軍）が前線での「慰安所」設置に乗り出した時点で、「内地」（出撃基地）での公娼制の廃止は論外になる。すなわち、「慰安婦団」招致という言葉が示唆するように、「慰安所」建設上の難問は、「（性行為をすべくそこにいる）女」（「慰安婦」）を、どうやって〝調達〟するのかであった。ここで、「内地」を主とする公娼制——娼妓、すなわち、巨額の借金を負わされて、登録・拘束・検査され、性行為を生業としている膨大な数の女性の存在——は、軍の「慰安所」建設を可能にする格好のプールという新たな意味を持ってくるのである。[105]言い換えれば、公娼制なしに「慰安所」は成立しない。

そもそも、徴兵制と公娼制は不可分であった。民俗学の川村邦光によれば、「徴兵検査と登楼がペアになり、それを通過して、一人前の男として認められる[106]」、すなわち、徴兵検査所（特定の町・市）に行って、検査を受け、その後登楼するという慣行が広範にあり、それが実質的な成人式であったという。

さらに、兵士を管理して使用する側には、「慰安所」を設ければ、強姦——日本軍への激昂を引き起こす——も減り、性病対策にもなるだろうという勝手な計算があった。言い換えれば、強姦等に対処するのではなく、「慰安所」設置で切り抜けようとしたのである。また、その他にも、性行為が兵士を強くするという根深い思い込みがあったようだ。すでに見たように、早くも日露戦争後には、柏木義円が、「戦争に強きと淫乱とは日露戦役に於て日本が表せる二ツの特色だとの評もあるさうだ」（論説「兵営と遊廓」）と指摘している。

実際、混乱を経ながらも、「慰安所」をつくる方向で軍と警察の統合がはかられていく。そして、戦地ではもはや「帝国の体面」を配慮する余地もないのであるが、同時に、「内地」では、日本史研究者の永井和が指摘したように、出征兵士家族の動揺を防ぐために、極力秘匿して勧誘が行なわれるのである。

すなわち、当初、派遣軍等による「慰安婦」募集の動きは、「内地」での業者（女衒）の跋扈を許し、性売買を管轄する各県知事・警察との間にさまざまな軋轢を引き起こしたのである。一九三七年三月には、上海の海軍慰安所で性売買をさせるために「女給」「女中」と偽って勧誘した業者らに、地裁・高裁とも有罪判決の後、大審院で有罪（国外移送目的拐取罪、刑法第二二六条）が確定している。

この後、永井によれば、一九三七（昭和十二）年九月二十九日、陸軍大臣が「野戦酒保規程」を改定し、野戦酒保（物品販売所）に「必要ナル慰安施設ヲナスコトヲ得」との条項を追加した。「慰安施設」とは軍慰安所を指すもので、これは、陸軍が「慰安所」設置に乗り出したことを意味する。なお、野戦酒保の経営は、酒保請負人に請け負わせることができた[107]。十一月には、南支那派遣軍の慰安所設置のための「慰安婦」募集に配慮して欲しいとの申し出を受けて、内務省が各地方庁に通牒を出して取り計らった。つまり、内務省自ら「慰安婦」の手配に乗り出したのである[108]。続いて十二月には、中支那方面軍の「前線陸軍慰安所ニ於テ稼業スル酌婦」の募集とその上海への渡航に協力を要請する文書が、在上海日本総領事館警察署長から長崎水上警察署長に出された（「皇軍将兵慰安婦女渡来ニツキ便宜供与方依頼ノ件」一九三七年十二月二十一日付）。そこには、中支那方面軍において「前線各地ニ軍慰安所（事実上ノ貸座敷）ヲ（中略）設置スルコトトナレリ」とある。このように、日中戦争の勃発（一九三七年七月）の後、陸軍が前線での慰安所設置を決定し、その結果、出先軍の慰安所設営に内務省や地元警察が協力する態勢がとられたのである。

さらに、一九三七年末から翌年にかけて、陸軍慰安所設置のために内地で勧誘に動いていた業者を、地元警察が不審人物として取り調べる事件が頻発し、一連の措置がとられた。まず、警保局長（富田健治）から各庁府県長官に対して、通達「支那渡航婦女ノ取扱ニ関スル件」（内務省発警第五号、一九三八年二月二十三日付）が出された。これは、「現地ニ於ケル実情」に鑑みて「醜業ヲ目的トスル婦女ノ渡航」を「必要已ムヲ得ザルモノ」として認めると表明し、「婦女」の渡航への協力を命じるとともに、募集周旋等に際して「軍ノ諒解又ハ之ト連絡アルガ如キ言辞其ノ他」を弄する者は厳重に取り締まるように、言い換えれば、軍との関係を口外しないように厳命するものである。この通達と呼応して、次に、陸軍省から北支那方面軍及中支派遣軍へ、通牒「軍慰安所従業婦募集ニ関スル件」（陸支密第七四五号、一九三八年三月四日付。陸軍省副官発北支那方面軍及中支派遣軍参謀長宛依命通牒）が出された。「支那事変地ニ於ケル慰安所設置ノ為内地ニ於テ之カ従業婦等ヲ募集スルニ当リ」と始まり、「警察当局ニ検挙取調ヲ受クルモノアル等」を挙げるこの通牒は、永井によれば、軍による「よい関与」（民間による違法な徴募への介入）を示すものなどではなくて、陸軍省が出先軍司令部に、募集にあたる人員の周到な人選をはじめ、募集過程を全体として「統制」するように命じたものなのである。[109] なお、この後、警保局長から大阪、京都、兵庫、福岡、山口の五府県知事に対して出された通牒「南支方面渡航婦女ノ取リ扱イニ関スル件」（警保局警発甲第一三六号、一九三八年十一月八日付）には、「本件極秘ニ」と指示されている。

以上のように、軍が前線での「慰安所」設置を制度化したことで、当初これに混乱をきたす動きをしていた警察も、「慰安所」で働く・性労働を強いられる女性の供給に――ただし、「内地」では、出征兵士の家族の動揺を防ぐために極力秘匿して――協力することになる。

同時に、台湾・朝鮮等併合地の警察は、「内地」よりはるかに直接的で露骨な形で動く。こうして、「総力戦」を敢行する軍（陸軍・海軍）は、内務省警保局の指揮の下、「内地」各地の警察から、さらに、総督府下の朝鮮・台湾その他の地域から前線へと、何らかの手段で〝調達〟した「女」の供給を受けるのである。[110]

14　「公娼制度廃止」から公娼制廃止へ

日本の敗戦後、公娼制廃止があらためて政治過程にのぼった。

なお、日本史研究者の平井和子によれば、敗戦（終戦の詔勅放送）三日後（一九四五〔昭和二十〕年八月十八日）には、内務省警保局長（橋本政実）が各府県長へ、「外国軍駐屯地に於ける慰安施設について」を無電通牒し、占領軍のための「慰安施設」を設けるよう要請した。（これが、軍への「慰安婦団」「慰安所」の提供という発想の延長上にあることは明白である。実際、「特殊慰安施設」「特殊慰安所」と名づけられた。同時に、それは、公娼制（「公」と貸座敷業者との結びつき）を土台にしている。）東京では融資を元に業者によってＲＡＡ（Recreation and Amusement Association「特殊慰安施設協会」）が結成された。結成時の声明書には、「時あり、命下りて、予《かね》て我等が職域を通じ戦後処理の国家的緊急施設の一端として、駐屯軍慰安の難事業を課せらる」、「『昭和のお吉』幾千人かの人柱の上に〔中略〕防波堤を築き〔後略〕」等の言葉が踊った。[111]

一九四六（昭和二十一）年一月七日、ＧＨＱ／ＳＣＡＰ（連合国総司令部）が日本政府に対して公娼廃止の準備に入るよう促し、二週間後（一月二十一日）、ＧＨＱ／ＳＣＡＰから公娼廃止の覚書（「『日本に於ける公娼廃止』に関する覚書」）が発表された。

その間の一月十二日、警視庁（保安部長）は、「公娼制度廃止ニ関スル件」を関係警察署長に通達した。それは、「最近ノ社会情勢ニ鑑ミルニ公娼制度ノ廃止ハ必然ノ趨勢」とした上で、「現行貸座敷指定地域ヲ其《そ》ノ儘《まま》私娼黙認地域トシテ認ムルコト」「既存ノ貸座敷業者ハ接待所、娼妓ハ接待婦トシテ稼業継続ヲ認ムルコト」等を内容とするものであった。[112]

すなわち、公娼廃止の指令が出されることを前提に、「公娼制度廃止」になっても、「現行貸座敷指定地域」を「其《そ》ノ儘《まま》」「私娼黙認地域」として存続させるよう通達したのである。その上で、警視庁は、一月十五日をもって東京都内の「廃娼」に踏み切った。さらに、ＧＨＱ／ＳＣＡＰの覚書の発表を経て、二月二日、内務省警保局長（谷川昇）が「公娼制度廃止に関する件」の通牒を発し、「娼妓取締規則」が廃止され（内務省令第三号）、「公娼制度廃止」「廃娼」が実行に移された。

同時に、それは、「公娼」という看板を下ろすだけ（看板を塗り替える）という意味で、「黙認制度」をとって「料理屋・酌婦」に看板を塗り替えるとした内務省警保局の「公娼制度対策」（一九三五年）の実現に他ならない[113]。

続いて、十一月十四日、吉田茂内閣の次官会議決定（「私娼の取締並びに発生の防止及び保護対策に関する次官会議決定」）は、性売買を「社会上已むを得ない悪」として、「酌婦」「女給」等の「接客婦」が働く「特殊飲食店」を認め、十二月二日、内務省警保局長から、「特殊飲食店」に関する通牒が出された。こうして、「公娼」という看板を下ろして「特殊飲食店・接客婦」に塗り替えたのである。

さらに、警視庁が「特殊飲食店」街を赤線で囲んだところから「赤線」と呼ばれるようになり、さらに、周辺の（黙認）私娼地域が「青線」と呼ばれるようになった。言い換えれば、今や「公」の冠はかぶっていないにせよ、青線（黙認）と差別化された「赤線」が成立したのである。

一九四七年十二月、内務省が廃止され、警保局も消滅する。だが、赤線・青線という、警察による（つまり、国による）管理売春体制がともかく解体に向かうのは、売春防止法の制定（一九五六〔昭和三十一〕年。全面施行は一九五八年）を待たねばならない[114]。

まとめ

開国・維新時、マリア・ルス号事件裁判の衝撃の渦中で、岩倉使節団米欧派遣中の留守政府が、「芸娼妓解放令」（太政官達第二九五号、一八七二年十月二日）、及び、いわゆる「牛馬ときほどき令」（司法省達第二二号）に踏み切った。二つを合わせると、娼妓契約と「前借金」の返済請求を無効とする、遊廓制度の根幹を崩す動きである。こうして、「芸娼妓解放」の方向がともかくも国の政策として打ちだされた。言い換えれば、徳川家支配（江戸時代）から引き継いだ公娼制の廃止に、新政府主導で一気に向かう可能性は皆無ではなかったのである。

だが、一年余り後、東京府（府知事大久保一翁）が「市在区々」の「戸長」に宛てて出した「貸座敷渡世規則」「娼妓規則」「芸妓規則」（東京府令達第一四五号、一八七三年十二月十日）は、こうした方向を事実上覆す意味を持っている。これは、従来の「明許」路線を踏襲するものであり、他方、「人身売買厳禁」への言及はなく、年季の制限もない。公娼制（より具体的には、「前借」「年季」等の「公認」）が前提されているのである。

このようにして、将来の性売買（具体的には女そのもの）を担保とした「借金」（実態は人身売買に近づく）の「公」による承認、同時に、拘束下での性売買による「借金の返済」の、労働（「稼業」）としての承認という二重の倒錯が、近代国家に静かに組み込まれていく。

なお、岩倉使節団帰国に先立って大久保利通が帰国し（一八七三年五月二十六日）、内務省建設に向かって動き出しており、同年十一月には、「内政」を司る内務省が設置された。公娼制に関わる政策が揺れに揺れ、従来通りの「明許」路線に落ち着いていく背景に、何らかの形で大久保がいた可能性も否定できない。さらに言えば、内務省設置後、内務卿として公娼制整備を監督するのは、大久保と伊藤博文に他ならない。そして、内務卿として二人が心を砕いたのは――「芸娼妓解放」「人身売買」問題などではなく――黴毒病院の建設・検黴制の整備であった。

言い換えれば、留守政府で改廃する必要があると認識されていた、「永年期奉公」と称して（男女とも角兵衛獅子や娼妓として）「牛馬ニ均シク」酷使する慣行（司法省「奉公人年期定御布告案」）、「年季奉公等種々ノ名目ヲ以テ」「其実売買同様」の事をする慣行（「大蔵省答議」）、具体的には、親に金を渡して証文で縛るという江戸時代の慣行・制度に、遊女（娼妓）に関しては手を付けないまま、むしろ、それを前提に近代的に改変する方向に舵を取ったのである。

続いて、川路利良を長官に一八七四年一月に設立された警視庁と東京府による司法省の追い落とし、さらに、東京府と警視庁の確執を経て、性売買対策が警視庁（及び地方官）に一任されていく。

その際、警視庁（川路）と内務省（大久保）の連動した動きが見落とせない。裁判所と対立すると、川路は大久保（内務卿）宛てに長文の上申書（一八七五年六月三十日付）を提出した。また、（警視庁と連名で内務省に問い合わせて）東京府が出した「隠売女取締規則」をめぐって司法省と対立した際にも、「警視庁建議」（同年七月十八日付）を内務省に提出した。前者は、売春は「賤業」であるから、欧州では、首都警察と地方官に一任されていると主張するもの、後者は、「娼妓」は獣行であり、また、私娼取締りに関する法文は開明諸国にはないものであり、地方官の適宜の処置に任せるべきであると主張するものである。

こうした論理（とおそらく大久保の力）で、川路は、司法省を性売買対策（言い換えれば「芸娼妓解放」問題）から押し出していく。結局、一八七六年一月、改定律例第二六七条の廃止と「売淫取締懲罰ノ儀ハ警視庁并各地方官へ」任せる旨の太政官布告第一号が出された。その結果、性売買対策（公娼管理と私娼弾圧）は、賦金（税金）をはじめとする巨額の収益（賦金額は、一八八二年で神奈川県予算の優に二〇％以上）とともに、警視庁（と地方官）の手に一任される。同時に、こうした警視庁（と地方官）は内務省の管轄であるという姿勢がとられるのである。

総じて、これらは、お上による性売買の免許制、この独占体制を支えるための指定地域外での自売等の弾圧という、徳川家支配（江戸時代）の性売買政策の再現に他ならない。それは、「人身売買」（身売り）という重大問題に、もはや、新政府として正面から取り組まないことを意味した。つまり、変革を放棄したのである。

以上のように、性売買に関する新政府の方針と管轄部署が決まり、東京府では川路の手で現場の体制作りが進められていく。結局、「身売り」（「前借金」のカタとしての人身の拘束。ある場所への閉じこめによる性売買の強要）に変更はない。江戸時代の奉公人請状を踏襲した「証書」による「身売り」に基本的に手をつけないで、鑑札制・検黴制等の近代的なシステムが整えられていくのである。したがって、西洋の性売買の実態を越える重大な人権侵害のシステムを近代国家の只中に作り出すことになる。

他方で、東京婦人矯風会提出の一夫一婦制の建白をはじめ、キリスト教の影響下で、公娼制と縁を切った「新しい男」の動きが始まる。だが、第二回総選挙への大弾圧を焦点に勢いはそがれる。

こうした状況で、娼妓自身が立ち上がって「廃業」を争った。廃業届への業者の連署（「楼主の押印」）を求めて裁判を起こしたのである。結局、大審院で、「身体ノ拘束ヲ目的トスル契約ハ無効」とする判決が確定する（一九〇〇年二月）。娼妓の自由廃業が相次ぐなか、同年十月二日、内務省が表に出て「娼妓取締規則」（内務省令第四四号）を発令した。娼妓の年齢を、従来の十六歳以上から十八歳以上とし、楼主の連署は不要（廃業届の受理により直ちに娼妓名簿から削除する）としたのである。

やがて、大審院は、「娼妓営業」は公認されているものであるから、娼妓が自己の営業を通じて債務を弁済すると約束したことは、毫も公序良俗に反しないと判示する。つまり、将来の性売買（具体的には女そのもの）を担保とした「債務」、拘束下での性売買による「弁済」という二重の倒錯を司法の名において再認したのである。再び、司法は押しやられた、ないしは自ら引いたわけである。

これによって、廃業を決行する娼妓の数が激減した。また、すでに廃業した女性も再び娼妓に復帰する現象が見られた。楼主が、廃業した娼妓の親戚等（すなわち、証書の連署者）の財産を差し押さえるという挙に出たからである。

つづいて日露戦争「勝利」を機に、「戦勝」を掲げて兵営の近くに遊廓を置く動きが出てきた。また、登楼者数は、京都府の例で、日露戦争後二十年ほどで二～三倍にはねあがった。

他方、一九二一年には、国際連盟で「婦人及児童ノ売買禁止ニ関スル国際条約」が締結され、成年の年齢が二十一歳に引き上げられた。このことは、前年国際連盟に加入して常任理事国となった日本の政府に衝撃を与えた。日本〔内地〕では十八歳、台湾では十六歳〔一八九六年の「貸座敷並娼妓取締規則」〕、朝鮮では十七歳〔一九一六年の「貸座敷娼妓取締規則」〕以上の女性が娼妓になることを認めていたからである。国際条約と国内法が矛盾し、ひいては、公娼制の廃止が問題になる。

こうした国際的動向と関東大震災での惨状を背景に、公娼制廃止の法律案が帝国議会に頻繁に提出されるようになる。なかでも、第五六議会〔一九二九年〕及び第五九議会〔一九三一年〕では、「公娼制度廃止ニ関スル法律案」が長時間にわたって審議された。

なお、女性に選挙権が認められていないところから、論戦を担うのは男性代議士であるが、星島二郎〔革新倶楽部・政友会〕、安部磯雄〔社会民衆党〕、さらにいえば、〔第二次〕大隈重信内閣時の島田三郎〔同志会〕など、それぞれ別々の政党の有力代議士である。言い換えれば、公娼制廃止の活動は、個々の代議士の信条〔なかでもクリスチャンとしての信条〕その他に基づいてなされるものであり、基本的には政党如何によるものではない。したがって、通常の政党〔政治〕論ではこの側面は見えてこないのである。

とはいえ、浜口雄幸内閣〔民政党〕下では、公娼制廃止に向かって議会が大きく動いた。第五九議会〔一九三一年〕には、三宅磐〔民政党〕・星島二郎・片山哲〔社会民衆党〕等が「公娼制度廃止ニ関スル法律案」を提出した。委員会では、外務政務次官の永井柳太郎が公娼制廃止の必要を明言した〔二月十九日〕。国際連盟では、一九三〇年には東洋婦女売買調査団がついに組織されて、日本とその植民地・勢力圏の調査が開始されている（一九三一年六月には調査団が来日して、調査や廃娼団体との懇談を各地で行なう）から、こうした姿勢が浜口内閣の国政連合重視姿勢・国際協調主義と関連していることは明らかである。他方で、浜口は三〇年十一月に狙撃され、翌年死亡する。さらに、いわゆる満州事変が仕掛けられた（一九三一年九月）後の翌年二月には、浜口内閣の蔵相であった井上準之助（民政党）が射殺される。

こうしたことは、従来、外交政策（ロンドン海軍軍縮条約調印）・財政政策（金解禁とデフレ政策）の観点から説明されてきたが、浜口内閣への集中的なテロ、軍部の突出には、既存の男性セクシュアリティ（規範《ノーム》とされる男性セクシュアリティ）、及び、規範的な男性性の変更という動向に対する激しいリアクションという面があるのではないかと疑われる。つまり、横山勝太郎ら公娼制廃止論者が、政権中枢にまで及んだことへの反動である。なお、浜口自身、第四五議会（一九二二年）に横山らが提出した「婦女ノ人権保護ニ関スル法律案」の賛成者（二五名）に名を連ねている。

こうした一連の事態を経た後になって、一九三四年五月十六日の全国警察部長会議において、公娼制を近い将来廃止することが明らかにされ、一九三五年、内務省が四月頃廃娼を断行すると大々的に報じられた。かくして、明治初年から争われてきた「新しい男」に脱皮する試み——公娼制から自由な男をつくるという試み——は、一九三〇年代中盤になって、ようやく実現するかに見えた。

だが、帝国をあげての大戦争に踏み込み、そのための総動員が呼号され、さらに、「慰安所」が軍の戦略・戦術の一角に組み込まれた段階で、「内地」における公娼制の廃止は論外になる。「慰安婦団」招致という言葉に表されるように、「慰安所」建設上の難問は、「（性行為をすべくそこにいる）女」（「慰安婦」）を、どうやって〝調達〟するのかということであった。ここで、「内地」を主とする公娼制——娼妓、すなわち、巨額の借金を負わされ、登録・拘束・検査され、性行為を生業としている膨大な数の女性の存在——は、軍の「慰安所」建設を可能にする格好のプールという新たな意味を持ってくるのである。言い換えれば、公娼制なしに「慰安所」は成立しない。

やがて、「総力戦」を敢行する軍（陸軍・海軍）は、内務省警保局の指揮の下、「内地」各地の警察から、さらに、総督府下の朝鮮・台湾その他の地域から前線へと、何らかの手段で〝調達〟した「女」の供給を受ける。そして、その時、大日本帝国の足下で辛抱強く生きのびてきた「新しい男」の死は、間近に迫るのである。

日本の敗戦後、占領下でGHQ／SCAPの指示により、公娼制の廃止があらためて政治過程にのぼった。だが、警視庁は、「公娼制度廃止」を謳いつつ、「貸座敷業者ハ接待所、娼妓ハ接待婦トシテ稼業継続ヲ認ムル」旨の指示を出した。次いで、内務省警保局長が、「公娼制度廃止に関する件」の通牒を発し、娼妓取締規則は廃止された。その結果、「公娼制度廃止」「廃娼」が断行され、にも関わらず、「赤線・青線」が登場するという事態になる。

こうした論理と実態がまかり通るのは、性売買対策（公娼管理と指定地域外での禁圧）が、内務省（警保局）と警視庁（及び地方官）の手に委ねられているからに他ならない。

そして、この「赤線・青線」が、一九四七年末に廃止された内務省とその警保局のいわば〝置きみやげ〟となる。この約十年後、激しい攻防の末ともかくも制定された売春防止法にいたって、ようやく、近代日本に取り憑いたこの公娼制という〝怪物〟の解体が始まるのである。

〈注〉

（1）なお、二〇世紀初頭を振り返った山川菊栄の言葉を借りれば、「あの公然の人身売買、業者の搾取を国家公認の制度としておくこと〔後略〕」、「封建時代そのままの遊廓制度、公然の人身売買、業者の搾取〔後略〕」。『おんな二代の記』平凡社・東洋文庫、一九七二年（『女二代の記』として一九五六年に日本評論新社から刊行）、一六八頁、一六七頁。

当時菊栄は、公娼制を、「こうした奴隷売買兼高利業を保護する政策」と呼んでいる（「日本婦人の社会事業について伊藤野枝氏に与ふ」、『青鞜』第六巻一号、一九一六年一月）。

（2）本稿の2の一部及び6は、筆者修士論文「文明化とジェンダー――福沢諭吉・植木枝盛・巌本善治」（一九九八年十二月提出）を改稿した拙稿（一九九九年六月成立。未公刊）の一部を訂正・改稿、ないしは、これに加筆したものである。以下、同稿を関口（1999）と記し、大きな変更がない場合は本文中にその頁を記す。

また、拙著『御一新とジェンダー――荻生徂徠から教育勅語まで』（東京大学出版会、二〇〇五年）、同『管野スガ再考――婦人矯風会から大逆事件へ』（白澤社、二〇一四年）、同『良妻賢母主義から外れた人々――湘煙・らいてう・漱石』（みすず書房、二〇一四年）、および、拙稿「夏目漱石と〝女〟〝子ども〟――漱石作品に見る、子どもに対する精神的虐待《メンタル・アビュース》の諸形態」（『法学志林』第一一二巻第二号、二〇一五年一月）、同「雌鳥よ、夜明けを告げるな――佐々城豊寿と初期廃娼運動が直面した困難」（『法学志林』第一一三巻第一号、二〇一五年九月）、同「自己史を通して時代を証言する――『おんな二代の記』を中心に」(『山川菊栄が描いた歴史――山川菊栄生誕一二五周年記念シンポジウム記録集』、山川菊栄記念会、二〇一六年一月)、同(講演まとめ)「湘煙とその時代――岸田俊子の実像を探る」(『民権ブックス29　中島信行と俊子』、町田市立自由民権資料館、二〇一六年三月)を、それぞれ、(関口2005)、(関口2014a)、(関口2014b)、および、(関口2015a)、(関口2015b)、(関口2016a)、(関口2016b)とし、若干の修正を施したに止まる場合は本文中にその頁を記す。

(3)山口光朔訳『大君の都』下、岩波書店、一九六二年、一三七頁。

(4)なお、後年のことであるが、中江兆民(篤介)は、じつは「日本の公娼制度を廃して仏国の公娼のようにしたい」、仏国では「女郎の多くは自前で有るから、女郎自身の自由と云う者も有る」、これに対して「日本の女郎は「出るに出られぬ籠の鳥」」である、また、仏国では「客は皆コソ〳〵で往く」が、日本では客は「少しも恥づるの色」がないと語ったとされている。「東西娼妓制度の異同」、『毎日新聞』一九〇〇(明治三十三)年一月二日、『中江兆民全集』第一七巻、岩波書店、一九八六年、所収。

ちなみに、これは、「明許」(地域を限定して許可)して、同時に、卑しめる(事実上崇めるようになった江戸時代のあり方を価値観上改める)という立場に近い。

(5)ダニエル・V・ボツマン「奴隷なき自由?――「解放」と苦力・遊女・賤民」佐賀朝・吉田伸之編『シリーズ遊廓社会2　近世から近代へ』吉川弘文館、二〇一四年、一〇五～一〇七頁。

(6)森田朋子『開国と治外法権――領事裁判制度の運用とマリア・ルス号事件』吉川弘文館、二〇〇五年、一五四～一五七頁。

(7)下重清『〈身売り〉の日本史――人身売買から年季奉公へ』吉川弘文館、二〇一二年、二一五～二一七頁。

(8)『太政類典』第二編、産業一七、第一六八巻。

(9)松延眞介「「芸娼妓解放」と陸奥宗光」、『仏教大学総合研究所紀要』第九号、二〇〇二年。

（10）森田前掲書、一七七～一七八頁。
（11）牧英正『人身売買』岩波書店、一九七一年、一八二～一八三頁。
（12）法令全書。市川房枝編『日本婦人問題資料集成』第一巻　人権、ドメス出版、一九七八年、所収。
（13）大日方純夫「日本近代国家の成立と売娼問題――東京府下の動向を中心として――」、『東京都立商科短期大学研究論叢』第三九号、一九八九年。同論文を収めた同『日本近代国家の成立と警察』校倉書房、一九九二年、二八〇～二八二頁。『太政類典』第二編、産業一七、第一六八巻。
（14）同前、二八四～二八五頁。及び、早川紀代（注17を参照）、一九五頁。
なお、同じ九月五日には大蔵省が、税は上納に及ばない（地方行政に入れてよい）、新規営業・補充は禁止する等を指示する大蔵省布達（第一二七号）を各県に出している。
（15）なお、東京府令達第一四五号は、府知事から「市在区々」の「戸長」に宛てて出されたもので、戸長に芸娼妓に鑑札を交付する権限を与えて、賦金（税金）を芸娼妓から徴収して東京府に上納させるというものである。その点で、いわば遊女屋（貸座敷）を迂回して、遊女（営業主体と設定）と東京府（地方）との間に直接的関係をつくろうとするものであり、遊女に対する遊女屋の支配権（身分的関係）を崩す側面を持つ。人見佐知子『近代公娼制度の社会史的研究』（日本経済評論社、二〇一五年）、六五～六六頁を参照。
ただし、府、戸長、遊女、遊女屋というアクターの他に、国・政府という消えたアクターの存在を見過ごすことはできない。
（16）『芸娼妓取締』明治六年七年、東京都公文書館蔵。
（17）早川紀代『近代天皇制国家とジェンダー――成立期のひとつのロジック』（青木書店、一九九八年）、「第五章　近代公娼制の成立過程――東京府を中心に」、一九八～二〇一頁。
（18）大日方前掲書、二八五～二九〇頁。

（19）まず、大蔵卿として井上馨の辞任に関わった可能性が考えられる。さらに、あえて言えば、内務省、警視庁・地方警察等の財政基盤捻出を念頭に、公娼制廃止の流れを抑えた可能性も否定できない。
（20）キリスト教史学会編『宣教師と日本人――明治キリスト教史における受容と変容』教文館、二〇一四年、一五四頁。
（21）参議は、木戸孝允、大隈重信、大木喬任、大久保利通、伊藤博文、勝海舟、寺島宗則となった。
（22）陸奥宗光「日本人」『伯爵陸奥宗光遺稿』岩波書店、一九二八年、三～一二頁。横澤清子『自由民権家　中島信行と岸田俊子――自由への闘い』明石書店、二〇〇六年、一二〇～一二一頁。
なお、陸奥・大江卓等は、西南戦争の勃発した一八七七（明治十）年、政府転覆計画が事前に発覚して、大江禁獄十年、陸奥同五年の判決を大審院（一八七八年八月）で受けた。
（23）人見前掲書、九三頁以下。
（24）同前、一〇二頁以下。
（25）同前、一〇四頁。
（26）同前、九七頁。
（27）藤目ゆき『性の歴史学――公娼制・堕胎罪体制から売春保護法・優生保護法体制へ』不二出版、一九九七年、九〇頁。
（28）この内務省達の特徴は「梅毒の禍根はもっぱら娼婦売淫に起因する、と決つけていることで、この考えにより、わが国の性病予防が娼妓を対象に進められていくことになる」。山本俊一『梅毒からエイズへ――売春と性病の日本近代史』（朝倉書店、一九九四年）、四四頁。ちなみに、以後もこうした考え（公娼〔さらに私娼〕を、性病の感染源と特定して、性病検査のターゲットにする）に固執したため、国民全体を対象にした性病予防策という方向に遅々として進まなかった。

(29) 早川前掲書、二〇四頁。
(30)『太政類典』第二編、刑律一、第三四五巻。
(31) 中原英典「明治九年第一号布告の成立事情」『手塚豊教授退職記念論文集』慶応通信、一九七七年。同論文を収めた同『明治警察史論集』良書普及会、一九八一年。
(32) 以上、主に、中原前掲論文、大日方前掲論文、早川前掲論文に拠る。
(33) 藤目前掲書、九四頁。
(34) 横山百合子「新吉原における「遊廓社会」と遊女の歴史的性格——寺社名目金貸付と北信豪農の関わりに着目して」『部落問題研究』第二〇九号、二〇一四年。
(35) 曽根ひろみ「明治四年「新吉原町規定申合」成立の意義——遊女屋の仲間的結集」、歴史学研究会編『歴史学研究』第九二六号、二〇一四年十二月。
(36) 青山（山川）菊栄「日本婦人の社会事業について伊藤野枝氏に与ふ」。
(37) 同「現代生活と売春婦」『新社会』一九一六年七月号。
(38) エリザベス・アンドリウ、ケートミー・ブシネル「日本の汚辱」。二人は、万国婦人矯風会の世界巡回員として、一八九四年に来日して演説していた。『婦人新報』第一号（一八九五年二月）。前掲『日本婦人問題資料集成』第一巻、二三五頁。なお、「インド」とは主に東インドのことと思われる。
(39) 林葉子「廃娼運動への女性の参加と周縁化—群馬の廃娼請願から全国廃娼同盟会設立期まで—」（女性史総合研究会・女性史学編集委員会『女性史学』第一七号、二〇〇七年）一〜五頁を参照。なお、存娼派も、「倫理風俗」の維持、および、「衛生」という同様の論理を使ったことが注目される。
(40) 万国廃娼同盟会の第一回世界大会が、一八七七年九月九日、ジュネーヴで開かれた。竹村民郎『廃娼運動』中央公論社、一九八二年、四頁。

(41) 以下、慶応義塾（富田正文）編『福沢諭吉全集』（岩波書店、一九六九～七一年）の、たとえば、第一巻を「福沢①」と略記し、その後に頁を記す。

(42) 小檜山ルイ『アメリカ婦人宣教師』東京大学出版会、一九九二年、二六九頁。

(43) なお、以上のような論戦は男性知識人によるものであり、女性の声はほとんど聞こえてこない。娼妓となる当の女性の声はなおさらである。この点、佐々城豊寿は、「某牧師ですら娼妾は世に害なしと迄も公言」されていたなかで、自ら演壇に立って演説を始めたために、「娼妾全廃論の婦人の唇より出ると、婦人か男子衆人の前に立て演説するとは未曾有の出来事」であったため、非難の焦点になったと振り返っている。『女学雑誌』「開書」欄「O・S・C君に答ふ」（第一六五号、一八八九年六月八日）。（関口 2015b :108-109）

(44) 『女学雑誌』第二九号（一八八六年七月十五日）背表紙、同第三〇号（同年七月二十五日）。

(45) 後年潮田千勢子は、「政治的の運動は矯風会の名を以てせしこと少く、多くは矯風会中の有志団体なる白票《ママ》倶楽部の名を以てなした」と回想している（「回顧と希望」『婦人新報』第六七号、一九〇二年十一月二十五日）。

(46) 前掲『良妻賢母主義から外れた人々』、四一頁、六七頁を参照。

(47) 拙稿「演説する女たち（その四）」、『未来』第四〇三号、二〇〇〇年四月。

(48) 横澤前掲書、四六九頁。「年譜」。なお、津田真道（東京八区選出）が副議長である。

(49) 大木基子『自由民権運動と女性』ドメス出版、二〇〇三年、一〇二～一〇三頁。

(50) 宇津恭子「佐々城豊寿　再考――生い立ちと婦人白標倶楽部の活動――」『清泉女学院短期大学研究紀要』第三号、一九八五年。

(51) 『大審院民事判決録』第六輯（大審院、一九〇〇年）。「娼妓廃業届書ニ調印請求ノ件判決」、前掲『日本婦人問題資料集成』第一巻、二四七頁。また、『婦人新報』第三五号（一九〇〇年三月）の「時報」欄で、「娼妓廃業請求の裁判」と題して報じられている。

(52) 前掲『日本婦人問題資料集成』第一巻、二五〇頁。
(53) 牧前掲書、一五九頁。
(54) 前掲『日本婦人問題資料集成』第一巻、二五一頁。
(55) 一八六五年にイギリスのメソジスト教会牧師・ブースが設立した。日本では山室軍平によって一八九五年に設立され、機関誌『ときのこゑ』を持つ。
(56) 岡山女性史研究会編『近代岡山の女たち』三省堂、一九八七年、二七二頁。
(57) 早川前掲書、二〇九頁。
(58) 前掲『近代岡山の女たち』、二七三頁。
(59) 前掲『日本婦人問題資料集成』第一巻、二六四頁。
(60) なお、この「娼妓取締規則」が、結局、一九四六年まで続く。
(61) 前掲『日本婦人問題資料集成』第一巻、二六八～二六九頁。
(62) その上で、義円は、「果して兵営の為と称して戦勝の余威を借て所在に遊廓の新設を見るが如きあらば、此れ戦争が愈々文明の破壊者であることを示すので、戦争罪悪の永き祈念である」（読点引用者）と非難した。
(63) 横田冬彦「『遊客名簿』と統計」、歴史学研究会・日本史研究会編『「慰安婦」問題を／から考える――軍事性暴力と日常世界』岩波書店、二〇一四年、所収。
(64) 竹村前掲書、二七～二八頁。
(65) 堀場清子『青鞜の時代――平塚らいてうと新しい女たち』岩波書店、一九八八年、一一二頁。
(66) 同前、一六九～一七一頁。
(67) 同前、一五四～一五五頁。
(68) 坪内逍遙訳『ウォーレン夫人の職業』早稲田大学出版部、一九一三年三月。

(69) 山家悠平『遊廓のストライキ――女性たちの二十世紀・序説』共和国、二〇一五年、五五~五六頁。

(70) 今井小の実「『婦人新報』と母性保護論争――矯風会の婦人界における位置づけを検討する指標として」『キリスト教社会問題研究』第五一号、二〇〇二年十二月、七二頁。

(71) 山家前掲書、六〇頁。

(72) 今井前掲論文、七五~七八頁。

(73) なお、菊栄の論考(「日本婦人の社会事業に就て伊藤野枝氏に与ふ」等)に関して、「『青鞜』に発表した」という類の表現がしばしばみられるが、菊栄がしたのは投書であり、それも腹に据えかねてと言ってよい。野枝の「批判が、いかにも無責任な放任論に思われたので、『青鞜』に投書して批評しました」「封建時代そのままの遊廓制度、公然の人身売買、業者の搾取を放任すべきでないと考えた」「私は黙っている気にならなかった」(前掲『おんな二代の記』、一六六~一六七頁)と後に述べている。ちなみに、従来、野枝と菊栄の「論争」として取り上げられてきているが、当時の文脈では、「論争」は『青鞜』関連の女性の一部と矯風会との間で交わされたのであり、そこに割って入ったのが青山菊栄である。

(74) 前掲『おんな二代の記』、一七八頁。

(75) なお、姦通罪との関係で、夫の「姦通」という言葉も使われる。たとえば、『婦人公論』(一九二五年十二月一日)は、「法律上男子の姦通を罰すべきか? 法律上婦人の姦通を許すべきか?」という質問を「有識者諸氏」にしており、石川三四郎、尾崎行雄、堺利彦、片山哲、山川菊栄などが答えている。

(76) 浦本寛雄「近代日本の離婚思想」有地亨・老川寛編『離婚の比較社会史』三省堂、一九九二年、一一四頁。利谷信義「男子貞操義務論争」加藤一郎編『民法学の歴史と課題』東京大学出版会、一九八二年、二九九頁。

(77) 小沢奈々「大正・昭和初期婦人団体による対議会活動と民法学者――「民法改正要綱」をめぐる穂積重遠と末弘厳太郎の見解――」『法学研究』慶應義塾大学法学研究会、第八八巻第九号、二〇一五年九月。

(78) だが、その後、子の婚姻許諾は明治民法のままとすること等を衆議院が議決した（一九三三年）。同じ年、滝川は、大学を追われ（滝川事件）、さらに、一九三五年、国体明徴運動により、美濃部達吉の天皇機関説が葬られた。政府は、法律審議会をあらためて設置した（一九三六年）。

(79) 小野沢あかね「廃娼運動と国際条約」（『史料にみる日本女性のあゆみ』吉川弘文館、二〇〇〇年、所収）、同『近代日本社会と公娼制――民衆史と国際関係史の視点から』吉川弘文館、二〇一〇年、四一～四二頁を参照。

(80) 『日本婦人問題資料集成』第一巻、三四三～三四六頁。なお、『自由思想』事件で、幸徳秋水・管野須賀子の弁護を引き受けていた横山には、一九一〇年六月、須賀子からと見える針文字の手紙が届いた。（拙著『管野スガ再考』、一八〇頁）。ただし、これが実際に管野からのものである根拠はなく、むしろ、横山を巻き込むためのフレーム・アップであった可能性がある。

(81) 同前、三四八頁。

(82) 藤野豊『性の国家管理――買売春の近現代史』不二出版、二〇〇一年、八三～八四頁。

(83) 前掲『日本婦人問題資料集成』第一巻、三七〇頁。また、星島二郎「議会に於ける廃娼問題」『廓清』第一八巻第七号（一九二八年七月）、同四一七頁。

(84) 山家前掲書を参照。

(85) 竹村前掲書、一一九～一二一頁。

(86) 藤野前掲書、六三～六四、六六頁。

(87) 伊藤秀吉『日本廃娼運動史』廓清会婦人矯風会廃娼連盟、一九三一年（復刻版、不二出版、一九八二年）、五四三～五五六頁。

(88) 藤野前掲書、八五頁。早川前掲書、二一六頁。

(89) 『帝国議会衆議院委員会議録』。

(90)伊藤前掲書、五五一〜五五六頁。

(91)他方で、いわゆる青年将校等による「昭和維新」「国家改造」のかけ声・要人テロ志向の背景には、東北農村の危機、さらにその一部の生存すら困難となる崩壊状況があり、東北出身の将校・兵士をとくに動かしたといわれる。そこでは、家族を救い得るだけのカネを期待できる唯一の道が、娘の「身売り」であるという状況があった。したがって、「娘の身売り」問題は、潜在的に極めて政治的なものとなったのである。クーデターと要人テロを正当化するレトリックの一つになったと言ってもよい。ただし、それが実際に公娼制廃止を実現するものとなるのかは別問題である。言い換えれば、プロパガンダの疑いがある。

なお、井上準之助は血盟団関係者によって射殺された。「血盟団」とは、「新人会」に対抗して東大「七生会」を立ち上げた上杉慎吉（東京帝国大学法科大学教授）が結成を促すことになる要人テロ組織である。ちなみに、上杉は、すでに一九一〇年の『婦人問題』（厳松堂）で、「蓄妾、私通滔々として行はれ」ている今日の「娼婦社会」というレトリックを用いている（竹村前掲書、二六〜二七頁を参照）。また、『廓清』（一九一五年）に「醜業公認制度の誤謬」を連載した。

(92)ヘンリー・D・スミス（松尾尊兊・森史子訳）『新人会の研究——日本学生運動の源流』東京大学出版会、一九七八年、三四〜三五頁。

(93)「国際連盟東洋婦人児童調査委員会報告書概要」『廓清』第二三巻第四号、一九三三年四月。

(94)小野沢前掲書、一八三頁。

(95)早川前掲書、二一四頁。

(96)なお、この点に関連した見解が藤目前掲書（三四〇〜三四一頁）、藤野前掲書（九八頁、一一〇頁）にある。

(97)稲葉正夫編『岡村寧次大将資料』上巻・戦場回想篇。吉見義明編集・解説『従軍慰安婦史料集』大月書店、一九九二年、二二六頁。

(98)『婦女新聞』第一八一六号(一九三五年三月三十一日)の社説、及び、次号の松宮弥平(廃娼連盟)談、河崎なつの評論による。なお、藤野前掲書、一一〇~一一二頁を参照。
(99)『日本女性運動資料集成』第九巻、不二出版、一九九八年、二二〇~三一六頁。
(100)同前、三〇三~三〇四頁。小野沢前掲書、二二八~二二九頁。
(101)藤野豊「戦後日本の公娼制度廃止における警察の認識――内務省警保局保安係『公娼制度廃止関係起案綴』の分析――」『敬和学園大学人文社会科学研究所年報』第一二号、二〇一四年、四五頁。
(102)「売笑問題対策協議会議事要録」。『買売春問題資料集成〔戦前編〕』第五巻、不二出版、一九九七年。小野沢前掲書、二三二頁。
(103)藤野前掲書、一〇四~一〇五頁。
(104)竹村前掲書、一八七~一八八頁。
(105)なお、一九三〇年末で娼妓数五万二一七名、芸妓数八万七五名である(『第七回警察統計報告』)。ちなみに、軍が、極めて高額の前借金と二年後の解放を約束した例、膨らんだ前借金を肩代わりした例などが報告されている。小野沢あかね「芸妓・娼妓・酌婦から見た戦時体制――日本人「慰安婦」問題とは何か」(前掲『「慰安婦」問題を/から考える』所収)を参照。
(106)川村邦光『民俗空間の近代』情況出版、一九九六年、八二頁。
(107)永井和「軍・警察史料からみた日本陸軍の慰安所システム」前掲『「慰安婦」問題を/から考える』、八二~八三頁。
(108)小野沢前掲論文「芸妓・娼妓・酌婦から見た戦時体制」、同前、九七~九八頁。
(109)永井和「日本軍の慰安所政策について」『日本人「慰安婦」――愛国心と人身売買と』現代書館、二〇一五年、所収。

（110）なお、併合地・占領地で〝調達〟される「慰安婦」の問題にここで立ち入ることはできないが、本稿からいえることの一つは、明治維新時の日本政府内での抗争とその行方（公娼制の存続と再編）が、この問題を引き起こす最初の要因であること、その後も廃止されなかったためにここまでの影響を与えることになったことである。

（111）平井和子『日本占領とジェンダー――米軍・売買春と日本女性たち』有志社、二〇一四年、三〇～三二頁。なお、兵士に性病が蔓延するに及んで、一九四六年三月、米軍（米太平洋陸軍司令部）は施設内立ち入り禁止（オフ・リミッツ）を指令した。

（112）藤野前掲論文、四四頁。奥田暁子「GHQの性政策――性病管理か禁欲政策か」恵泉女学園大学平和文化研究所編『占領と性――政策・実態・表象』インパクト出版会、二〇〇七年、二九頁。

（113）なお、この点については、すでに平井前掲書、八六頁に指摘がある。

（114）売春防止法は、ザル法ともいわれる抜け穴の多い法律であるが、第九条で前借金（「前貸」）を禁止したことが画歴史的である。制定の前年（一九五五年）、最高裁が前借金を無効とする判決を出した。こうして、〝前借金に縛られた〟女性が消滅する方向にかじが切られたのである。ちなみに、同法は、アメリカ合衆国施政権下の沖縄では適用されない。「本土復帰」を前にした一九七〇年七月、沖縄売春防止法（一九七二年七月施行）が公布され、復帰後、売春防止法が適用された。

なお、制定十周年時（一九六六年）には、議員の共同提案で、現行法が「売る」側だけを処罰対象とし、「買う」側を罰していない点を改める等の「売春防止法の一部を改正する法律案」が第五一国会に提出され、参議院法務委員会で審議された。だが、審議未了となる。田中寿美子さんの足跡をたどる会編『田中寿美子の足跡――二〇世紀を駆け抜けたフェミニスト』I女性会議、二〇一五年、七八～八〇頁。

▼第二章　雌鳥よ、夜明けを告げるな

――佐々城豊寿と初期廃娼運動が直面した困難

はじめに

近代日本で成立した公娼制の著しい特徴は、江戸時代から続く事実上の人身売買と身柄の拘束であり、しかも、このような仕組みの後ろ盾に「公」がなったことである。

同時に、見落としてはならないのは、こうした公娼制は抗争なしに成立したわけでも、その後抗争を伴わなかったわけでもないということである。まず何よりも、「文明開化」を追い風にキリスト教徒や女性の一部が、大勢に抗って批判の声をあげ、その廃止を要求した。その先頭に立ったのが、「娼妾《しょうしょう》の全廃」を掲げて、「東京婦人矯風会《きょうふうかい》」の発足と『東京婦人矯風雑誌』の創刊に尽力した佐々城豊寿《とよじゅ》（一八五三‐一九〇一。星豊寿）である。

このように女性による廃娼の旗をはじめて高く掲げた人物でありながら、豊寿に関する研究は今日に至るまでわずかしか存在していない。女性史への注目のなかで、阿部玲子の「佐々城豊寿覚え書——忘れられた婦人解放運動の一先駆者」（『日本史研究』第一七一号、一九七六年十一月）によって光が当てられたが、その後の年月を経てもなお、まとまった研究書はなく、豊寿の姪・相馬黒光《そうまこっこう》（星良《りょう》）に関する宇津恭子の労作『才藻《さいそう》より、より深き魂に——相馬黒光・若き日の遍歴』（日本ＹＭＣＡ同盟出版部、一九八三年）の第二章、第三章が基本的な文献としてあげられるにとどまる（以下、同書を「宇津」と略記する)(1)。

本章は、「東京婦人矯風会」書記、『東京婦人矯風雑誌』編輯委員としての佐々城豊寿の輪郭を明確にし、同時に、「娼妾の全廃」を掲げた豊寿の登場に対する反動や余波のあり様を探ることを目的とする。

なお、本章題名の〝雌鳥《めんどり》よ、夜明けを告げるな〟とは、儒学の経典『書経』(牧誓)にある警告である。雌鳥が夜明けを告げる、つまり、女が家(集団)を率いると、その家は亡びるというものである。「牝鶏無晨。牝鶏之晨、惟家之索也(牝鶏《ひんけい》は晨《あした》する無し。牝鶏の晨するは、惟《これ》家の索《つ》くるなり)」(2)。この格言は、長い徳川家支配(江戸時代)を通じて、人々——男たち、そして、女たち——の心に染み通っていた。一方、明治になって禁圧を解かれたキリスト教にも、"Let Your Women Keep Silence in the Churches"(教会で女性に話をさせてはいけない)という、『新約聖書』のパウロの言葉(コリントI 14・34)があったのである。

1　馬に乗る女

公娼制度の廃止(廃娼)を訴える運動は、一八八〇年前後、伊香保《いかほ》温泉を擁する群馬県で起こった。ただし、これは県会を舞台とした男性中心の運動であり、女性が前面に立って行なう運動は、「東京婦人矯風会」の結成(一八八六年十二月)をもって画期をなす(3)。この過程で「娼妾の全廃」の旗を高く掲げたのが佐々城豊寿であり、やがて、『東京婦人矯風雑誌』の創刊(一八八八年四月)にいたる。

仙台藩の儒者の娘

豊寿は、仙台藩の儒者で要職を歴任した星雄記の娘に生まれた。この出自が豊寿に及ぼした影響は大きい。雄記は、代々儒者として伊達家に仕えた星家の十代目で、若い頃(一八三六年)長崎に赴いて蘭学者を訪ねたことがある。評定役、勘定奉行等の要職に就いた後、安政年間には函館松前奉行を務めた。だが、戊辰戦争で仙台藩は敗者の側(奥羽越列藩同盟)の中心となる。支藩の亘理《わたり》藩が困窮すると、雄記は仙台藩から派遣され、そこで蝦夷地開拓を主軸とする改革案を立てた(宇津一一頁)。その結果、同藩は、藩主を先頭に全藩が紋鼈《もんべつ》(紋別)に移住することに成功し、その経緯により、雄記の娘・豊寿は、旧亘理藩家老・田村顕允の援助を後々まで受けることができた(同八三頁)。田村家には、「三台女史書」と記され、「星豊壽印」と押された漢詩の半切が遺されている(同三八頁)。豊寿が時に見せる財力と行動力の背景には、田村の志と援助がその一つとしてある。

仙台で学問をした豊寿は、男装で母と中間《ちゅうげん》に付き添われて、徒歩で上京した。一八七二年、横浜にあるアメリカ人女性宣教師メアリ・E・キダー(Mary E. Kidder)の学校(フェリス女学校の前身)に入学する。そこで英語などを学ぶが、物足りなかったのか、翌一八七三(明治六)年には、中村正直の塾・同人社(東京・小石川)に入学し、翌年秋、同人社に女学校が開かれるとそこで学ぶ。

さらに、「いまの女子高等師範の前身であった学校――名を思い出せません――で漢学の先生をしてい」た（豊寿の姪・相馬黒光の言葉）[4]。その際には、「中村正直先生について学び、その学んだところをすぐに教えていたのだ」という。この学校とは竹橋にあった東京女学校（官立）であるとみられる。つまり、同人社で中村から漢文を学びながら、それをすぐ教えていたと考えられる。

佐々城豊寿（中央）と親族、1874（明治7）年

「断髪素顔」の女書生

この頃豊寿らが浅草の写真館で撮った写真が遺されている（宇津四二頁）。「明治七年四月廿九《二十九》日正十二字浅草に於写之」と記されており、向かって左が弟（仁三郎）、右が母方の身内（丹野直信）、腰に手を当てて中央に立っているのが豊寿である。豊寿の上半身は男性同様にシャツに着物であり、下半身はテーブル・クロスらしきものに隠れて（隠されて?）いてよく見えない。

こうした姿からすると、東京に移ってきた豊寿は、官立では初めての女子の中高等教育機関への、次のような囂々《ごうごう》たる非難にも屈しなかったとみられる。

一八七二（明治五）年二月、前年末の文部省布達「女学校入門之心得」[5]に則って官立の「女学校」が開校すると、翌月の『新聞雑誌』[6]で、「洋学」「洋書」と服装・動作を一まとめにした、「洋学女生」に対する非難が巻き起こる（『新聞雑誌』第三五号、一八七二年三月）。しかも、その前段には、「女子ノ断髪スル者」に対する非難もあった。

○近頃府下ニテ往々女子ノ断髪スル者アリ。固ヨリ我古俗ニモ非ズ又西洋文化ノ諸国ニモ未タ曽テ見ザルコトニテ其醜体陋風《ろうふう》見ルニ忍ビス。女子ハ柔順温和ヲ以テ主トスル者ナレハ、髪ヲ長クシ飾リヲ用ユルコソ万国ノ通俗ナルヲ、イカナル主意ニヤアタラ黒髪ヲ切捨テ開化ノ姿トカ色気ヲ離ル丶トカ思ヒテスマシ顔ナルハ実ニ片腹イタキ業《わざ》ナリ。此説既ニ府下諸新聞ニ掲載シテ言フ待ザルコトナレド（句読点、改行引用者）

又別ニ洋学女生ト見エ大帯ノ上ニ男子ノ用ユル袴ヲ着シ足駄《あしだ》ヲハキ腕マクリナトシテ洋書ヲ提《さ》ケ往来スルアリ。如何《いか》ニ女学生トテ猥《みだり》ニ男子ノ服ヲ着シテ活気ガマシキ風俗ヲナスコト既ニ学問ノ他道ニ馳《は》セテ女学ノ本意ヲ失ヒタル一端ナリ。是等ハ孰レモ文明開化ノ弊ニシテ当人ハ論ナク父兄タル者教ヘサルノ罪ト謂フベキナリ。（同）

四月には、東京府から女子断髪禁止令を出される。従来これは、女子一般の風俗への規制とみられているが、直接には東京女学校の風俗への非難に応えて出されたものではないかと考えられる。(7)五月、京都博覧会の折に学校制度を視察した福沢諭吉は、「京都学校の記」（一八七二年）で、同年四月京都府が開校した「英学女工場」の生徒を「花の如く、玉の如く、愛すべく、貴むべく、真に児

『怪化百物語』下（下高畠藍泉著、井上定保、1875〔明治8〕年）の挿絵より

女子の風を備へて」と激賞し、返す刀で、「彼の東京の女子」を「断髪素顔まちだかの袴をはきて人を驚かす者」と評した（関口 2014b: 9-10）。京都の英学女工場の生徒を「彼の東京の女子」に対置した福沢は、女子教育の対案を示したかったのではないだろうか。

以上のように、女子への公（官）による中高等教育の開始である東京女学校に対して、反感が巻き起こり、なかでも、「まちだかの袴」が目の敵にされたのである。

襠高袴《まちだかばかま》（馬乗り袴）とは、襠を高く取って馬に乗れるようになっており、武士が正装に用いてきたものである。男性、しかも、他ならぬ「武士」（士族）の領域への越境・侵犯である。

なお、女子師範（「お茶の水」）の開校式（一八七五〔明治八〕年十一月）では、「マチをずっと低くしてあっただけで、あとは男物と

馬に乗る西洋人女性を描いた横浜絵
（一光斎芳盛・画「港崎横浜一覧　蒸気船ノ図」『古登久爾婦里』、1860 年、より）

同じ」したての袴が官給されたという。[8] マチがずっと低ければ、男と同様にみえても、馬には乗れない。言い換えれば、女子師範開校にあたっては、賢母良妻教育、すなわち、女子への（男子同様の）中高等教育という東京女学校をもって始まった方向[9]は維持しつつも、官給されたのはこうした袴であったのである。その意味で、皇后（美子《はるこ》）を先頭に立てた女子師範の開校は、早くも、「東京女学校」とは微妙に異なる方向に女子教育を振り向けたのである。

女が馬に乗ることは江戸時代には御法度《ごはっと》であった。豊寿は、すでに、男装して袴を穿《は》き、馬に乗って仙台の街を疾走していた[10]という。しかも、横浜では、馬上の西洋人女性を見かけることもあった。もし豊寿が女子師範の開校式に居合わせていれば、「まちだかの袴」と、「マチをずっと低くしてあっただけで、あとは男物と同じ」袴の違いとその意味するところがわかったはずである。

明治のはじめ、男同様の格好をした女書生たちが出現したという声高な非難はあるが、実際どのようなようすであったのかは史料に乏しい。豊寿の写真は、女子師範開校前の、つまり、「マチをずっと低くしてあっただけで、あとは男物と同じ」袴を官給される前の女書生の姿を示している。

じつは豊寿には、この写真と同一人物とは思えないような、洋装姿もある。明治二十年頃とされるこの肖像（左掲）は、「東京婦人矯風会」で奮闘した頃の豊寿の面影である。

2　「東京婦人矯風会」の旗揚げ

佐々城豊寿の登場

一八七六（明治九）年十一月一三日、女子師範で開催された「婦人集会」で、豊寿は、「宮城県の星豊寿さんと云ふ妙年の婦人」として聴衆のなかから登場して演説（「一家経済の心得」）をした（『東京日日新聞』十一月十五日）。

次に豊寿の名が現れるのは、その数年後、「佐々城豊寿」としてである。豊寿は、同郷で同時期に学んできた佐々城本支《もとえ》（一八四三－一九〇一。伊東友賢《いとうゆうけん》）と恋愛関係に入った。ただし、本支はすでに妻・千代との間に子どもが三人いる既婚者であった。しかも、その結婚は、仙台藩の藩医・佐々城家の四男である友賢が、同じく藩医である伊東家の婿養子となったというものであった。したがって、この縁組の解消は容易なことではなかった。郷里の人々をも巻き込んで、二人が支払った代償は小さくなかったとみられる。

洋装の豊寿

本支自身、勤務していた陸軍を辞職して、市井の医者として開業する。脚気の医者として繁盛するが、栄達の道は捨てたことになる。本支は、妻も子も官職も捨て、郷里との関係にも重大な支障が出るにも関わらず、豊寿との人生を選んだのである。

豊寿と本支の同居が戸籍上表示されるのが一八七七年、本支の離婚が一八八〇年である。その上で、豊寿の入籍は一八八六年十二月になる（宇津四七頁を参照）。

豊寿は、一八八四年、長老派宣教師タムソン（D.Thompson）から受洗し、日本橋教会に所属した。本支は、すでに一八七二年、横浜でオランダ改革派宣教師バラ（J.H.Ballagh）から受洗していた。クリスチャンのカップルであり、繁盛する医者である夫は、スケールの大きい豊寿の活動の財政的支えでもあった。

「東京婦人矯風会」の発足

一八八六（明治十九）年六月一日、万国婦人矯風会（the World WCTU）の書記メアリ・レビットが横浜に上陸し、日本での遊説を開始した。この影響下、キダーをはじめとする女性宣教師等から英語で教育を受けた人々（佐々城豊寿、島田かし、海老名みや等）が動き出した。レビットはＷＣＴＵの支部を東京に設立するように呼びかけ、ここから、木村鐙子《とうこ》を中心に「婦人矯風会」の結成に向かう動きが始まる。鐙子がコレラで急死すると、巌本善治がその任を引き継いだ。この過程で、「娼妾の全廃」を柱にすべく、巌本と連携して精力的に動いたのが、佐々城豊寿である。

まず、『女学雑誌』（第四一号、同年十一月十五日）が、社説「婦人矯風会」を掲げた。巌本は、「婦人会」結成の効用を説き、改良すべき六つの課題（娼妓全廃、女権拡張、女子が財産を相続できる制度、女子に不利でない離婚・結婚の法律、女子教育の策、婦人授産）を提起し、その冒頭に娼妓の全廃を掲げたのである。同時に、「婦人禁酒会」に代わる「婦人矯風会」という名称を紹介した。

十二月六日、日本橋教会で、「東京婦人矯風会」の発会式が挙行され、会頭に矢島楫子《かじこ》、書記に佐々城豊寿が選出された。矢島は、マリア・ツルー（Maria True）率いる長老派の桜井女学校の担い手である。「東京婦人矯風会」とは、さまざまな色合いの女性たちの寄り合い所帯であった。

さらに、『女学雑誌』第六五号（一八八七年五月二十一日）では、背表紙の裏に、「特別広告」として、「東京婦人矯風会主意書」が「書記」（豊寿）名で掲載された。(11)「主意書」は、「吾等《われら》婦人国家の弊風《へいふう》を矯正せんことを希《ねが》ひて茲《ここ》に東京婦人矯風会を設《もう》くる者は、当今の時勢甚《はなは》だ之を必要することを信ずるがゆえなり」（読点引用者）と始まる。すなわち、「時勢」に応えた、「国家の弊風」の「矯正」を高らかに宣言する。その際、「我国一般に流行して特に吾等女性を苦むる所の諸の弊風」は言うまでもなく、「男子諸君の間に行はるゝ数多の弊風」も、「矯正」の対象となると述べる。具体的には、「男尊女卑の風俗及び法律を除き、一夫一婦の制を主張し、娼妾を全廃し、家制交際の風を改め、飲酒喫煙放蕩遊惰の悪習を刈る」を挙げた上で、なかでも第一の課題として「娼妾の全廃」を掲げたのである。

ところが、「第六十五号は治安を妨害するもの」と認めるとして、『女学雑誌』に発行停止処分が申し渡された。この号のどの部分が治安妨害にあたるかは明らかではないが、問題は、他でもないこの号に「東京婦人矯風会主意書」が掲載されていることである（本書五七頁参照）。弾圧に巻き込まれるという恐怖が広がり、非難の鉾先が豊寿に向けられたことであろう。

やがて、「東京婦人矯風会主意書」が、「会頭　矢島かぢ子」名で、『女学雑誌』第七〇号（八月六日）にあらためて掲載された。それは、皇帝と皇后の恩徳を称え、その恩に「陛下の臣民《けらい》」として応えて、「吾等女性の身に着きたる悪習の尚ほ去り難きは、一日も早う之を去り、尚ほ世に陛下の御《み》志《こころ》に反《そむ》きて女性を卑むるの弊風あらんには、寸刻も早う之を除かん」と呼びかけるものであった。そして、この主意書が、「婦人矯風会勧告文」として、会頭と書記の連名で全国に配布される。東京婦人矯風会は、矢島が掲げた路線、すなわち、皇室への忠誠という錦の御旗の下、「廃娼」を目標の一つに掲げて出航することになったのである。

3　真の文明化と「娼妾の全廃」——豊寿の主張

豊寿は、演説会や文筆で、真の文明化の道として、「娼妾の全廃」を訴えた。

（1）「積年の習慣を破るべし」

「東京婦人矯風会」の発会式で演説するつもりだったという論稿「積年の習慣を破るべし」（『女学雑誌』第四八、五二、五四号、一八八七年一月二十二日より三回）では、「積年の習慣」「百年の習慣」により、日本婦人は、五感を喪失し、「土雛《つちびな》か張抜人形《はりぬき》」に等しいところにまで陥っていると断定する。それゆえ、まず、己《おのれ》の周囲を取り巻く積年の習慣を打ち破らなければならないと力説する（第一編）。

こうした積年の習慣がいかに判断力を奪っているかの例として、源渡《みなもとわたる》の妻袈裟《けさ》女をあげる。袈裟女は、自分を与えよと力づくで母に迫る男を前に、母のこと・夫のことを慮って、我が身を殺すほかないと判断した。そして、そのことをもって貞婦《ていふ》の鏡の如く賞賛されている。が、今日他にもさまざまな方法があるのであるから、むしろ、「最も不届《ふとどき》至極の女なり」と言うべきであるとする。

また、「下等社会の婦女中に行る、習慣」に、「父母兄弟に疾病あるか又は年貢租税の不納ありて之を救ふ術なき時は、速かに身を娼妓に落して其窮厄《そのきゅうやく》を救ふ」事があるが、その身の不幸を嘆くならまだしも、「一代の手柄と心得父母を救済する良策と思ふに至れる」のは、述べるのも汚らわしい程である。にもかかわらず、「世間に文学を以て任ずる諸先生が、此の醜業を営む者を筆誅《ひっちゅう》することを為さずして、却つて其楼の何々は其の娘にして孝心ものなり孝女なりなど、賞賛」するとは、全く合点がいかないことだという（第二編）。

さらに、「誰も皆自分の国ほど尊き国は無と思ひ、又自分の風俗ほど相当の風俗は無きものと思ふ」が、外国人から見れば笑止の習慣がある。その「野蛮の風俗」とは、「眉毛を剃落とす事と歯を黒く染る事」である。こうしたものは早く打ち破って一日も早く外国人の軽蔑を退けたい（第三編）という。

豊寿の主張は、自分たちを取り囲む「積年の習慣」に対して、客観的、批判的な目を向けようと呼びかけるものである。そして、自分を殺すことによって解決を図ろうとする「貞婦の鏡」袈裟御前の愚かしさや、「身を娼妓に落して」、「一代の手柄と心得父母を救済する良策と思ふに至れる」女たち、しかも、それを賞賛する「諸先生」の馬鹿馬鹿しさを指摘し、さらに、眉毛を剃ることやお歯黒も、外国人に恥ずかしい「野蛮の風俗」にすぎないと批判したのである。

（2）「婦人文明の働」

豊寿は、「第二回女学演説」（会）での演説（「婦人文明の働」『女学雑誌』第六五号）では、「日本の婦人は労力の働きで文明の働きではありません」、「是では詰り自活の途を立ることは覚束《おぼつか》ない」、「畢《ひっ》竟《きょう》文明の働とは前と違ひ知識の働きで御座います」と力説した。すなわち、いま現に演説したケルセー嬢は米国医学博士であり、「勿論《もちろん》彼国には電信の技術や新聞記者職工教育家などをば皆以て婦人の働と致します、且つ（中略）随分男子の右に出で生計を立て居ります」と言う。他方で、「西洋の服を纏《まと》ひ」、「外貌《がいぼう》のみを文明と気取り其《その》真を失ふ者」を批判した。

そして、「京城の周囲は（中略）吉原品川板橋新宿と至る所妓楼遊廓ならざるはなし」、しかも、その中心は「新橋日本橋柳橋等渾《すべ》て芸妓を以て堅めてあります」と指摘して、これでは「開化」「文明」と言うことはできないと言う。また、先ほど生糸の輸出について述べたが、「其生糸の足りぬ為めか、淫を鬻《ひさ》ぐ売女となん謂《い》へる者を輸出」している、「此一事にて西洋の辱を受けぬか受くるか篤《とく》と考て御覧遊ばせ」と問う。さらには、「妾を廃する」ことを主張する。そして、「元来亜米利加《アメリカ》英吉利《イギリス》抔《など》にては淫売者の無きにしもあらねど日本の如く公然と設けあるにはあらねば詰り禁酒を主とするなれども、我国に取りては寧《むし》ろ矯風会の必要なるを感じます」と述べる。総じて、婦人矯風会を設けてこれら三つのものを取り除くことに尽力するから、同感の方は、入会して、「共に日本の同胞姉妹をお愛し下さる様に祈ります」と訴える。以上のように、芸娼妓の廃止、「売女」の「輸出」の中止、妾の廃止という三つの課題を掲げて、聴衆に婦人矯風会への入会を訴えたのである。

(3) 福沢諭吉との異同

こうした豊寿の言葉・論法には、めざす理想として「文明」(社会)を掲げ、人々に呼びかけた福沢諭吉を想起させるものがある。

そもそも、眉毛を剃る習慣やお歯黒への批判を先導したのは福沢である(「かたわ娘」、一八七二年、福沢③)。豊寿の呼びかけ方――まずは各人の見方の転換を誘う――も、また、福沢を思わせる。

とはいえ、福沢自身は、やがて、「コンヂショナルグード」(福沢⑦673)[12]という言葉の下に、「西洋にて細君の跋扈《ばっこ》するは西洋の天理人道なり」とし、他方で、「日本の婦人の所帯持は西洋婦人の及ばざる所なり」(同667)という、西洋とは異なる日本婦人独自のあり方という考えに踏み切る(「覚書」)。これに対して、豊寿は、西洋(米国)を標準とする文明/野蛮図式を家の中まで持ち込み、「日本の婦人は労力の働きで文明の働きではありません」、「畢竟文明の働きとは前と違ひ知識の働きで御座います」と言い切ったのである。

また、「積年の習慣を破るべし」にある論法――「世間に文学を以て任ずる諸先生が、此の醜業を営む者を筆誅することを為さずして、却つて其楼の何々は其の娘にして孝心ものなり孝女なりなど、称賛」する――は、『時事新報』の「婦女孝行論」（一八八三年十月八日）にある論法――「身體髪膚受之父母不敢毀傷孝之始也」（『孝経』）というように娼妓になることは孝行などではない、ところが古来稗史小説や芝居狂言がこれを美談としてきた、今日もなお新聞記者がその口調を学んで娼妓を孝女だなどと賞賛し、弊風を助長している（福沢⑨207）――を思わせる。

とはいえ、『時事新報』は続く「婦女孝行余論」（十月十八日）で、「青楼遊廓」は「多忙繁劇なる士商等が会合する所の都会には、殆んど欠くべからざる一種の要具」（同219）であるとして、「今一時に之を除去すれば必ず他に一害を生ずるに至るべければ、先づ青楼遊廓は到底都会抔には免かるべからざるものなりとして暫く之を論ぜず」（同220）と断っている。さらに、福沢自身、「品行論」（『時事新報』一八八五年十一～十二月）で、娼妓・遊廓は必要不可欠であると明言した。なお、妾・芸者に関しては、「男女同数論」（『明六雑誌』第三一号、一八七五年三月）で、もし時期尚早というならば「妾を養ふことも芸者を買ふことも黙して許さん。唯これを内証にして人に隠す可し」（福沢⑲552）としており、その上で、「品行論」でも、「不品行を犯すも之を秘密にして隠すべし」（福沢⑤555）とした。

これらに対して、豊寿は、「文明」の名の下に、端的に「廃娼妓」「娼妾の全廃」を掲げたのである。むろん、豊寿のこうした発想・言論活動に対しては、「売られて」「身を売る」女性たちへの同情・共感に欠ける（蔑視を煽るものである）、さらに、海外で身を売る日本人女性を国家主義的観点から断罪するものであるという批判が可能である。後に矯風会の欠点として指摘されるこうした傾向は、初期の理論的指導者である佐々城豊寿にその淵源をたどれるものである。

だが、同時に、見落とせない点は、初期婦人矯風会、なかでも、豊寿が掲げたものが、国家像・社会像の修正（豊寿のいう「国家の弊風を矯正」）であったということである。同様に、福沢と『時事新報』が、妾の許容、娼妓・遊廓の承認、さらに、後のことであるが、移住先への「醜業婦の外出」「賤業婦の外出」を（「経世上の必要」を挙げて）「公然許可」するように提唱したのに対し、豊寿は、「娼妾の全廃」・海外日本人娼婦の中止を敢然と提唱したのである。[13]

その意味で、東京婦人矯風会の活動、なかでも巌本ら『女学雑誌』と連携した豊寿らの動きは、薩長のヘゲモニーで国家形成を急ぐ政府にとって見過ごせない挑戦であった。

4　『東京婦人矯風雑誌』創刊と、『婦人　言論の自由　全』刊行

一八八八（明治二十一）年四月十四日、『東京婦人矯風雑誌』が創刊された。編輯人は巌本善治、印刷兼発行人は福原祐四郎であるが、実際の主体は女性である。新聞紙条例により女子が「持主社主編輯人印刷人」となることが禁じられているため、形式上、男子を編輯、印刷・発行人に立てたのである。

もっとも、前年末には保安条例に続いて出版条例が出されており、出版条例には女性に対する禁

止事項はないから、なぜ出版条例に依らなかったのかという議論はある。[14]これは、『東京婦人矯風雑誌』が、他でもなくそういうものとして、すなわち、（「学術技芸」などという）制限付きではないものとして準備されたためではないかと考えられる。

というのも、同誌の創刊と歩調を合わせて、『婦人　言論の自由　全』[15]（米国婦人矯風会印刷会社原著、日本東京婦人矯風雑誌編輯委員佐々城豊寿女訳）の刊行が準備されているからである。つまり、『東京婦人矯風雑誌』創刊にあたって、敢然と高額の保証金を用意し、巌本ら男性を表に立てながら、同時に、『婦人言論の自由』で女性の言論の抑圧に抗議する姿勢をとったのではないかと考えられるのである。

（1）『婦人　言論の自由　全』

『婦人言論の自由』は、直接には、教会で女性が話をしてよいかという問題に関わるものである。安武留美によれば、原文（ＷＣＴＵ機関紙 *The Union Signal* に一八八六年七月に掲載）は、新約聖書にあるパウロの言葉 "Let Your Women Keep Silence in the Churches"（「女性は教会で黙っていなさい」（コリントI 14・34））[16]を題名にしたエッセイである。ＷＣＴＵは女性が説教・演説をしてよいという姿勢を打ちだし、論議を呼んでいた。豊寿は、女性が公衆に向かって演説することの可否をＷＣＴＵに直接問い合わせて、その返答として送られてきたリーフレットを翻訳したのである（安武一四五頁）。

同書は、徳富猪一郎（蘇峰）による巻頭言「婦人言論の自由に題す」（一八八八年六月七日付）、巌本善治による「序」（七月仲五付）を持つ。

豊寿は、「自序」（一八八七年十月付。翻訳完成時）を次のように始める。

文明の中心たる欧米耶蘇《えす》教国に在りては古来婦人は男子の前に立て談論するは、基督《キリスト》の許し給はぬ所なりとする習慣久しきに渉《わた》り、遂に婦人の集会にも一人の男子入来れば忽《たちま》ち其談論を止むるに至れり、況《いわ》んや婦人か公衆の前に立て演説を為すが如きは固より世の許さゞる所なりし

そしてこう続ける。これは、「新約全書に在る警戒」に基づくものであるが、「智識の進むと共に彼の新約書中に戒めたる語は別種の事にして、漫《みだ》りに婦人の社会、道徳、慈善、教育等の為に働く事までをも戒めたる言《ことば》に非ざるを発見せり」。そして、最後はこう結ぶ。

茲《ここ》に至りて年久しく教会に戒しめ来りし誤謬も、氷雪の春風に融《と》くるか如く、豁然《かつぜん》として消散し、婦人言論の区域、積年の束縛を免かれ始めて自由の天地に伸張するを得たり、婦人が基督の下に真の光明を放つの自由即ち婦人文明言論の自由、昔しより許されありしを発見したるは専ぱら智識発達の徳にして、其功績鮮少《せんしょう》な

『婦人言論の自由 全』表紙

らずと謂ふべし

これは、智識の発達によって、婦人が言論の自由をついに手にした喜びに溢れている。だが、半年後に書かれた「緒言」（一八八八年四月付）は、趣が異なる。「緒言」には、「曩《さき》に婦人の公衆の前に立つて、演説する可否如何を問合せたる時」この原書を贈られたという翻訳・出版事情を述べた後、次のようにある。

婦人公衆の前に立て演説するは、何れの婦人も固より好む所にあらず、又世人《よのなか》の擯斥《ひんせき》する所なり、況《いわ》んや我か矯風会の演説の如きは世人の最も好む所の肉欲を制止する言語《ことば》に於てをや。聞く人見る人反対の意想《おもい》を抱き、罵詈《ばり》誹謗《ひぼう》或は冤罪《むしつ》を以て難ずるに至る故に、時勢に敏《さと》き才子姉妹に在ては無言は是徳と云へる、謙遜の徳を守り他人の演説すら大ひに忌み嫌らふに至る。然《され》とも〔中略〕暁《あけ》の鐘声《しょうせい》として濛々《もうもう》暗黒《やみ》の間に堕落する人々を救ふは、仁愛《めぐみ》尤も深き神理を奉戴する婦人の気力にあらざれば成し能はざるなり。然《さ》れば婦人公衆の前に演説するは今日の必用にあらずや。今已に眼前衆多の敗亡せんとする人あり、何ぞ謙遜を守りて之を救ふ方法を告げずして可ならんや。（句読点引用者）

このように、「自序」と「緒言」のトーンは異なる。前者は、「年久しく教会に戒め来りし誤謬」が智識の発達により氷解した喜び、後者は、「婦人公衆の前に立て演説する」ことの必要性と、その厳しさである（「時勢に敏き才子姉妹」からの非難すらある）。

「緒言」には、また、「キープ、サイレンス（Keep Silence）」の訳は、和訳新約全書では「黙」の一字のみであるが、漢訳では「緘黙《しんもく》」であり、「口を緘《しん》し縫ひて開く勿れ」の意味であるから、「頗ぶる適当の訳字」なのでこれを用いるとある。そして、婦人が自ら己を称する時は「妾《しょう》」というのが古今一般の慣用だが、この文字は「甚だ婦人の躰面《たいめん》を汚すへき意味なれば己れは断へて妾の字を用いたる事なし」、それ故「己れと云ふへき所に吾儕《わなみ》の文字を用」いるので、「世の学士《がくしゃ》」よ、至当の文字があれば示して欲しいとことわっている。本文では、パウロの言葉が、「汝曹《なんじら》の婦人も教会の中《うち》に緘黙すべし」と訳されている。

表紙には、「明治二十一年七月第一版」とある。他方、『東京婦人矯風雑誌』創刊号の背表紙には、すでに、「婦人言論の自由近日印刷一冊」という広告が出ている。第二号（一八八八年五月十九日刊）の背表紙には、「右は本月中に出版」とある。つまり、五月中、すなわち、同誌創刊の翌月には『婦人言論の自由』を出版する計画であったのである。刊行が遅れた理由は不明だが、奥付には七月二十八日印刷・八月一日出版とある。

「翻訳者兼発行者」は佐々城豊寿である。売捌所として女学雑誌社、民友社等が掲載されている。

ちなみに、豊寿はさらに、女学校の設立も準備していた。『東京婦人矯風雑誌』第三号以降の裏表紙には、「修身職業　英和女学校」の広告が掲載されており、そこには、「当今に適切なる婦人一身の職業及風俗の矯正を専ら大意として教授す」とある。つまり、豊寿は、雑誌（『東京婦人矯風雑誌』）の創刊、冊子（『婦人言論の自由』）の出版、学校（「修身職業　英和女学校」）の設立という、三つの試みを発進させていたのである。

（2）新聞紙条例・出版条例と『東京婦人矯風雑誌』

『東京婦人矯風雑誌』がなぜ出版条例に依らなかったのかという問いに関連して、女性を名指した言論統制について、三鬼浩子の研究[17]を基に整理しておこう。

まず、一八七五（明治八）年新聞紙条例・讒謗律には、女性に対する禁止事項はない。少なくとも明示的には、女性であることを理由に禁止されてはいなかったのである。

だが、一八八三年四月、新聞紙条例が改正されて、女性が「持主社主編輯人印刷人」となることが禁じられる（新聞紙条例第七条「内国人ニシテ満二十歳以上ノ男子ニ非サレハ持主社主編輯人印刷人トナルコトヲ得ス」）。

そして、一八八七年十二月末には、保安条例が公布・施行され、その二日後、新聞紙条例・出版条例の全面改正が公布された。新聞紙条例による女性への禁止条項はそのまま引き継がれた（改正後は第六条）。同時に、出版条例改正により、「専ラ学術技芸ニ関スル事項」を掲載する雑誌（「雑誌ニシテ専ラ学術技芸ニ関スル事項ヲ記載スルモノ」）は、出版条例に依るものとされた。

以上のように、女性が主体となって雑誌を発行する場合は、出版条例に依ることになり、「学術技芸」に関することしか載せられない。つまり、女性たちは、雑誌の編集・発行を禁じられているわけではないが、「時事」に触れないという条件付きなのである。しかも、何が「時事」にあたるのかという基準は示されないから、常に予防的に自分で規制しなければならない。

言い換えれば、「時事」に触れたことを理由とする発行停止に怯えることなく刊行するためには、出版条例ではなく、新聞紙条例に依る必要があった。こうした志とその成果を表わすのが、一八八八年一月、植木枝盛らが高知県会で「娼妓公許廃止」の県知事への建議を可決させたのをうけて、「東京婦人矯風会　会頭　矢島楫　書記　佐佐城豊寿」名で植木に送った書簡と、これに応える植木の書簡が創刊号に掲載されていることである。[18]

（3）女性の演説をめぐる巌本との対立

以上のように、東京婦人矯風会設立と『東京婦人矯風雑誌』創刊において、佐々城豊寿は巌本善治と連携している。他方、意見を異にする場面もある。豊寿は、集会で女性が演説をする――しかも、男性も交えた聴衆に対して演説する――という実践の先頭に立っていたが、巌本は、これに否定的であったからである。

そもそも巌本らは、元来「世の所謂《いわゆ》る男女同権論なるものに甚はだ不同意」（『女学雑誌』第九四号、社説「吾人の意見を明かにす」）という立場から、『女学雑誌』を創刊（一八八五年）したのであり、当初、「女子の演説」に、「大いに不快」（同第二三号。新報「女子の演説」）との意見を表明していた。「其同性中の演説すら未だ行れず、然るに突然として男子公衆に対《むか》ひて演説ある《ママ》こと、かの温雅の貞を失ふは固《もと》より先づ事の順序を誤るものと云ふべし」（読点引用者）、と。

その後、一八八六年六月に万国婦人矯風会から派遣されてきたレビットは、女性が男女を含めた公衆に対して説教・演説することを正当だとすでに考えていたが、他方、婦人伝道局から派遣されていた女性宣教師（及び、日本人男性キリスト教徒ら）は、女性は（女性の前で演説しても）男性の前では演説しないという立場をとっていた（安武一三八頁）。

巌本は、「レビット夫人」を招聘して木挽《こびき》町の厚生館で開催した「女学演説」（会）の予告（『女学雑誌』第二九号、七月十五日）で、「但し傍聴は女子に限る」としている。それでも、聴衆は「六百余名にて館内殆ど充満したり」（同誌三〇号）という。翌年の第二回女学演説会（五月二日）の予告にも、「同日は別段に傍聴券を発せざれども傍聴は惣《すべ》て女子に限るべき定《さだめ》」（『女学雑誌』第六二号「新報」欄「第二回女学演説」）とある。これに対して、婦人矯風会の演説会は、女性だけに限らず、男女混じるものであった。『女学雑誌』第六五号には、「婦人矯風会の演説」と題して、十三日夜の厚生館での集会は、「聴衆男女打凡そ一千二三百名あり」とある。(19)

ただし、豊寿と巌本の対立は、女性が男性を前にして演説してよいのかをめぐるものであり、大局的には、巌本は、やはり、豊寿の貴重な盟友なのである。(20)

とはいえ、むろん、男女混じった千人余りの聴衆に対する女性（なかでも豊寿）の演説こそ、ゆゆしき問題であった。それは、薩長のヘゲモニーで国家建設を急ぐ政府の足下で、新たな国家・社会像を掲げて、いわば「新しい男」たちに呼びかけていたからである。

たとえば、豊寿は、「東京婦人矯風会の会員愛姉に告く」（『女学雑誌』第五六号、一八八七年五月十九日）で、男子が矯風会を結成することを呼びかけて、「〔前略〕左れば男子の方にも矯風会あり又婦人の方にも婦人矯風会の在は車の両輪の如くにして社会一般の悪風習を洗ふには当今必要の器械なる事と存ます」という構想を提起しているのである。

（4）浅井柞

さて、豊寿らにとり、新聞紙条例・出版条例という薩長藩閥政府の課したハードルを越えたとしても、言論の自由は必ずしも保証されたものではなかった。

というのも、編輯委員は浅井柞《さく》と佐々城豊寿の二人とされており、しかも、「水戸の学者の家に生れて和漢の学問に通じ[21]」、長栄女塾総督にして、豊寿より十歳年長の浅井柞が、時に、隠然かつ断乎として豊寿を妨害したからである。

それは、誌上に、奇妙なほど明確に表現されている。豊寿は、同誌で、論説「自己《おのれ》の志想《おもい》」（創刊号）、「日本同胞諸兄に望む」（第二号）、さらに、「自己の志想即ち婦人の志想は男子と異なる説」（第三号）を発表し、自分、即ち、婦人の志想は男子と異なるのであるから、婦人は、男子を頼んでいるのではなく自ら進んで自分の志想を述べなければならないと力説した。なお、同説は、「是かの今日の婦人は志想《こころ》の自由を演《の》べ〔中略〕久しく屈みたる膝を伸へ姉妹互ひに手を取り歩々文明の域に進まんと欲し、是今日我《わが》矯風会の雑誌必要なるゆへんなり」（読点引用者）と結ばれている。だが、早くも第三号（一八八八年六月十六日）で、「論説」欄に掲載された「矯風会員に勧告す」（浅井さく女）の次に置かれた「自己の志想即ち婦人の志想は男子と異なる説」に、目次、本文とも、書き手の名前がない。第四号（同年七月二十一日）では、同じく「論説」欄に掲載された「婦人改良を論ず」（浅井さく女）の次の一文「同胞諸兄に望む　第二」に、（豊寿のものであるにも関わらず）目次、本文とも、書き手の名前がないのである。

それればかりではない。「『同胞諸兄に望む　第二』の書き出しと同じページには、国の慣習を考慮せず自らの身分も省みない急進的な婦人改良論を諷刺的に警告する一文が掲載された」（宇津六七頁）。この「一文」とは、論説「婦人改良を論ず」中の、「教友某《なにがし》氏が懇親会の席に於て婦人改良の急進を諷刺したるの勧話」を指す。「総大将とも見ゆる蟇蛙《ひきがえる》は真前《まっさき》に進み出で一勢に直立の号令を発し小隊進めと云《い》や否《いな》、列の内にて止めよ々々と云《い》う者あり」というものであり、(22) 女性たちは、懇親会の席で自分たちを「蛙」と揶揄する「勧話」を聞かされた上、『東京婦人矯風雑誌』誌上でそれを読ませられたのである。

言い換えれば、豊寿らが手にしたのは、〝お目付役〟付きの、常に妨害が入る「言論の自由」でしかなかった。こうした采配は矢島の関与なしにはあり得ないであろうし、さらに、その背後には、さまざまな思惑が働いていたと言っても過言ではないであろう。この後、「蛙」たち、なかでも、「大将とも見ゆる蟇蛙《ひきがえる》」佐々城豊寿に対する執拗な攻撃が始まる。

その急先鋒が、内村鑑三（一八六一 - 一九三〇）であった。潮田千勢子《うしおだちせこ》（一八四四 - 一九〇三）は、後年、「果然反対の声は男子の中より起り来れり、而も最も親善ならざるべからざる牧師教師の中より起れり。曰く「婦人の天職は家政を整へ夫を輔佐すべきものなるに之を外にして公の事業に従事するが如きは実に以ての外のことなり」曰く「婦人の働は所謂縁《いわゆるえん》の下の力持にして夫の内助者たるにあるに、生意気にも紙筆口舌を弄して社会の事業に容嘴せんとは……〔後略〕」と」と回想する（「回顧と希望」『婦人新報』第六七号、一九〇二年十一月二十五日）。

5　「財産中分権」（佐々城豊寿）と「クリスチャン・ホーム」（内村鑑三）

潮田に聞こえた反対の声とは、「夫を輔佐すべき」「夫の内助者たる」べき婦人が何事か、「以ての外」であるというものである。じつは、豊寿は、「同胞諸兄に望む　第二」で、論じるのは「尤も難事中の難事」と認めつつ、婦人の「財産中分権」、すなわち、婦人が良人《おっと》と並んで「業務分担」をすることを理由に、「財産」の「中分」を権利として提唱したのである。

(1)「財産中分権」

豊寿にとって、それは、正当な、当然のことであった。一家では男女が「業務分担」をし、婦人は、さまざまな仕事を一手に引き受け、「家中の掃除或は台所を司どる事無給金の下婢《げじょ》の如し」。「一家は男女合して成立《なりたつ》ものなるに何故に財産に至りては専ぱら男子の有にして婦人の物ならずや。前に述《のべ》し処の分担役割あれば婦人も中ば所有すべきは当然の事なりと信ず」、「道理上財産中分の所有あるは決して不当のことにあらざるなり」と。そして、「此財産中分権の判然と定らさる中は一家の和合も親愛も真実行はれざるを知《しる》故に吾儕《わなみ》は世人の憎《にくみ》も譏《そしり》も憚からず。況や文字の不揃いなるを事を恐れんや。生のあらん限りは主張して止まさる覚悟なり」（句読点引用者）と結んだのである。

これに対して猛然たる反発が巻き起こった。つまり、『東京婦人矯風雑誌』第四号をめぐって、「婦人」観、男／女の定義、つまり、ジェンダーをめぐる抗争が勃発したのである。

そもそも、「啻《ただ》に家の荷物を半分持つのみならず、日本国の半分は婦人のものと心得」（「日本婦人論　後編」、『時事新報』一八八五年七月、福沢⑤499）という福沢諭吉の提唱を言葉どおりにとれば、そう非難されることではなかったはずである。だが、「内を治む」を「職分」として引き受けることは称揚されても、その当然の権利として「財産中分の所有」を要求することは容認されることではなかったのである。それは、冊子『婦人言論の自由』――『東京婦人矯風雑誌』第四号に少し遅れて刊行される――を掻き消してしまう勢いであった。

（2）内村鑑三の演説「クリスチャン・ホーム」と、豊寿の書記更迭

一八八八年八月七日、西部婦人矯風会（東京婦人矯風会西部部会）主催の集会（番町教会）で、内村は「クリスチャン・ホーム」[23]と題する演説を行ない、ホームを賛美する演説の途中から、「私は今迄

婦人にして会堂の働きに於ては誠に感心の様に見へても、其人の家は実に悪魔の家かと思ふ程のものを見ました」(読点引用者)と話し始め、「基督信者の婦人にして公けの会を主《つかさど》りて世の中に立てば演説も出来万事様子もよいが其人の家に帰りて見れば家は乱れて朋友親戚にも不義理の借金を拵《こしら》へた婦人を私は存じて居ります」(内村①417)[24]と非難した。演説はできても家を治めることができない人が「信者たる婦人の中に」いる、というこの非難が豊寿に向けられていることは明白であろう。さらに、家を治められない人が営む「悪魔の家」という表現には、他人《ひと》の家を壊したではないかという憎悪の声が隠されているとみても大過ないであろう。

『東京婦人矯風雑誌』第五号(八月十八日)には、冒頭に「特報」として、「東京矯風会仮事務所移転広告」、「書記及会計更迭広告」、「雑誌編輯所移転広告」の三つが高く掲げられた。書記の更迭とは、「今般佐々木《ママ》豊寿退職致《いたし》候に付〔後略〕」と始まるものである。また、雑誌編輯所は浅井の長栄女塾に移された[25]。豊寿の「修身職業　英和女学校」も同年秋には廃校となり、豊寿は、「諸種の障妨ありて廃止するに至れり今尚遺憾に堪へざるなり」[26]と述懐している。

6　「婦人白標倶楽部」の旗揚げ、一夫一婦の建白、集会及政社法・衆議院傍聴禁止

豊寿は、最終的には「婦人白標倶楽部《はくひょうくらぶ》」の結成に向かう。年配者からは、「修身職業　英和女学校」に教員として加わっていた潮田千勢子が合流した。

植木枝盛の日記によれば、六月十五日に「佐々城とよ寿」の家で、「徳富、巌本外一名」と会合しており、これが「婦人白標倶楽部」発足の起点となったとみられ、『女学雑誌』（第一六七号、一八八九年六月二二日）「時事」欄で、「婦人白標倶楽部」設立が報道される。この後、『女学雑誌』（第一八七号、同年十一月十六日）で「婦人白標倶楽部規則」が発表され、同倶楽部が正式に発足する。巌本かし等も同倶楽部に加わる。

一八八九年七月五日には、七〇〇余名の署名とともに「一夫一婦制の刑法及民法に対する建白書」が東京婦人矯風会から元老院に提出された。これは、豊寿と親交のあった植木枝盛の草案による。

一八九〇（明治二十三）年、初の衆議院議員選挙を終えた七月二十五日、政府は、「集会及政社法」を公布した。政談集会の発起人から女子を除外し（第三条）、「女子ハ政談集会ニ合同スルコトヲ得ズ」（第四条）、「政社ニ加入スルコトヲ得ズ」（第二五条）とするものである。[27]

東京婦人矯風会、[28]婦人白標倶楽部は、それぞれ、政談集会の傍聴禁止（第四条）に関して改正の建白書を元老院に提出した。また、婦人白標倶楽部会員でもある『女学雑誌』記者清水豊子《とよこ》（紫琴）が、「何故に女子は、政談集会に参聴ことを許されざる乎」という論説を『女学雑誌』（第二二八号、八月三十日）に発表した。

さらに、十月、衆議院規則案に「婦人は傍聴を許さず」とあることがわかり、「婦人の議会傍聴禁止に対する陳情書」（十月付）が、巌本かし、佐々木《ママ》豊寿、清水とよ、矢島かぢ等「有志総代」名で提出された。また、清水豊子が、『女学雑誌』（第二三四号、十月十一日）に「泣て愛する姉妹に告ぐ」

件に付板垣伯を訪ふの記」)。こうした運動を経て、女性の傍聴禁止を削除した衆議院規則が、第一議会で可決される。

だが、この後、民法公布(一八九〇年)とともに起こった「民法出デテ忠孝亡ブ」という大合唱と施行延期(一八九二年)、教育勅語渙発に関連して起こった内村鑑三「不敬」事件(一八九一年)等が立て続けに起こる。[29] さらに、植木枝盛が急死(一八九二年一月)した。

豊寿と潮田らは、一八九一年四月に「東京婦人禁酒会」(会頭、潮田)を立ち上げて活動していたが、この後、事件が起こる。矯風会勢力の統合をめざして世界WCTUから派遣されて動いていた「ウエスト女史」(Mary West)が、一八九二年十二月一日、遊説中の金沢で客死したのである。二日後の東京婦人矯風会総会は女史を弔う場となり、豊寿らの東京婦人禁酒会を合併したものとして開かれた。言い換えれば、女史の遺志(両組織の統合)に応えるという大義名分の下、矢島等の権力が確立していくものとみられる。[30]

一八九三年四月末、豊寿は、北海道(室蘭)へ移住する。[31] 療養中だった清水豊子も、豊寿とともに北海道に移住できないかを模索する。清水は、一八九一年十一月十六日、男児を出産して兄の養子とし、その後、翌年一月末から三月中旬にかけて、さらに、四月から七、八月にかけて入退院を繰り返していたのである。[32]

同じ一八九三年四月、「日本基督教婦人矯風会」が発足する。同年十一月、その機関誌『婦人矯風雑誌』が――停止していた『東京婦人矯風雑誌[33]』の後継誌として――出版条例に準拠した学術雑誌として誕生した。そこには、「本部より殊に名誉会頭の称号を佐々木《ママ》豊寿氏に送《ママ》れり」（創刊号、「東京婦人矯風会の広告」）とある（宇津八二頁）。以後、「佐々木豊寿」の名は編輯委員等に残るが、結局、この後、豊寿が矯風会（「日本基督教婦人矯風会」）の中央に迎えられることはなかったのである。

7 豊寿、その後――「或る女」

とはいえ、一八九五年には豊寿一家は上京して、東京での活動を再開する。だが、事態は思わぬ方向へ展開する。豊寿の長女信子《のぶ》と国木田独歩（一八七一‐一九〇八。哲夫[34]）との間に、恋愛・豊寿の認めない結婚、さらに、信子の失踪・妊娠と離婚が次々と起こり、これが醜聞として取り沙汰されるのである。蘇峰宛書簡（一八九五年十一月十七日付）には、「世間に顔向けのならぬ苦痛」とある（宇津前掲論文、一一一頁）。豊寿は、信子たちを連れて再び北海道へ渡る。

一九〇〇年十月、豊寿らは札幌の家をたたんで東京に戻る。だが、一九〇一年四月、夫の本支が突然病に倒れて没し、六月、豊寿もまた没するのである。

さらに、豊寿の没後、この種の風聞・醜聞が娘の信子を巻き込んでいく。国木田独歩が「鎌倉夫人」（一九〇二年）で、信子を指して「ハイカラ毒婦」「本能満足主義の勇者《チャンピヨン》」と描くのである。さらに、独歩の日記『欺かざるの記』（一九〇八、一九〇九年）が公刊される。岩野泡鳴の『放浪』（一九一〇年）の一節には、「某代議士」が、「昔は耶蘇教の婦人矯風会の有名な弁士で」「北海道へ移住して失敗した」「鈴木玉寿」と関係していた、この女は、「肺病で去年茅ヶ崎で死んだ小説家田辺を昔棄てたという女の母」だったとある（宇津前掲論文、一二〇頁）。[35]

つづいて、有島武郎が、「或る女のグリンプス」を『白樺』に長期連載する（一九一一年一月～一九一三年三月）。さらに、これに後篇を書き足して、『或る女』（一九一九年）として刊行した。ちなみに、有島は、「或る女」後篇の「書後」で、「この小説にはモデルがあつて、それはある文学者とその先妻にあたる人とが用ひられてゐると云ふある一部の人達の評判です。それはさうに違ひありません。〔後略〕」と認めている。つまり、国木田独歩、信子（さらに信子が婚約破棄した森広など）がモデルになっていると認めているのである。そして、有島は森の親友であった。[36]

以上のような醜聞・スキャンダル化が、両親を失った信子とその身内に執拗に襲いかかった。同時に、豊寿も、あの「信子」の母、すなわち、「小説家田辺を昔棄てたという女の母」（岩野泡鳴）として回顧されることになるのである。

相馬黒光

この十数年後、豊寿の姪・信子の従姉である相馬黒光（星良）は、ついに、「黙移」（一九三四年に『婦人之友』に連載）で「国木田独歩と信子」の章を書き、豊寿と娘の信子、そして、巌本善治と明治女学校の復権（名誉回復）に着手する。

黒光は、さらに、「黙移」から『明治初期の三女性――中島湘煙・若松賤子・清水紫琴』（一九四〇年）へ書き進んだ。黒光は同書で豊寿を論じているわけではない。しかし、おそらく、この三人に豊寿を加えた人々が、日本の近代国家形成期において、『女学雑誌』を足場に、廃娼と女性の地位向上、男／女（ジェンダー）の変更を迫った女性指導者の陣形なのである。多かれ少なかれ、キダーについて知っており、レビットの演説を目の当たりにした人々でもある。そして、豊寿は言うまでもなく、湘煙、賤子（巌本かし）、紫琴、すなわち、明治初・中期に男性中心の国家体制の構築に抗った女性指導者たちは、確かに、事実上、社会からほぼ消えたのである。葬られたと言ってもよいかもしれない。しかも、紫琴の場合は後日談があった。実質的には石川三四郎が書いたとみられる福田英著『妾《わらわ》の半生涯』（東京堂、一九〇四年十月）は、景山英子を福田英子として再び世に送り出したばかりでなく、清水豊子（紫琴）を、「例の幻術」を用いる妖婦（「富子」）と描き出していたのである。[37]

終わりに

一九〇〇年二月二十三日、函館の娼妓・坂井フタが廃業を求めて業者に対して起こした廃業届連署要求訴訟に関して、大審院は、「身体ノ拘束ヲ目的トスル契約ハ無効」であるとして、函館控訴院に差し戻す判決を下した。つまり、娼妓の要求した廃業を認めたのである。

さて、この頃の豊寿はといえば、「札幌老農婦」なる名で、『時事新報』（一八九九年六月七日）に「女子に告ぐ」と題する寄稿をしている（宇津前掲論文、一二一頁）。半年後には、ドーデー女史（Adelaide

Daughaday、アメリカ人宣教師）宅で開かれた札幌婦人矯風会の集会で、「矯風会の責任」について所感を述べている（同、一一四頁）。その後、『婦人新報』第三五号（一九〇〇年三月）に掲載された潮田千勢子「婦人矯風会と佐々木豊寿夫人（二）」には、豊寿の潮田宛書簡の一節が引用されている。「〔前略〕まして目下の如き六七尺の積雪を以て四辺取囲まれ其中《そのうち》に埋《うず》まれて、何事も耳にする事なく目に見る事なく、只一男二女を相手にストーブを囲みて子女の志す処を聞き将来を語る外《ほか》何も慰むるものなき時〔後略〕」（読点引用者）というものである（同、一二五頁）。

おそらくこの手紙を書いた時、娼妓による廃業訴訟の知らせはまだ豊寿の耳に届いていなかった。だが、この手紙が載っている当の号の「時報」欄には、函館の「坂本おふた」の「廃業届調印請求の訴訟」の詳細が報じられているのである。豊寿は目を見張ったに違いない。

のちに潮田は、豊寿の葬儀で、「かゝる時期に帰京してかゝる盛況を目撃したる女史の喜び如何ばかりなりけん」と述べている[38]。「女史即ち、廃業娼妓救済の切迫したるを感じ、同志と共に、兼て醜業婦救済のために設けられたる慈愛館の拡張を図り、専ら斡旋して慈善音楽会を開きぬ」と潮田は結ぶ。東京に出て、慈愛館を拡張しようと慈善音楽会を開いた、つまり、自由廃業する娼妓たちの受け皿（居場所と仕事）づくりに取りかかった佐々城豊寿は、たしかに、闘いの途上で斃れたのである[39]。

〈注〉

（1）主な先行研究を整理すると、続いて宇津恭子が、豊寿の北海道での生活と活動を追った「佐々城豊寿の北海道移住　再考」（『清泉女子大学人文科学研究所紀要』第六号、一九八四年）、「佐々城豊寿　再考—生い立ちと婦人白標倶楽部の活動—」（『清泉女学院短期大学研究紀要』第三号、一九八五年）を著した。（以下、前者を「宇津前掲論文」と記す。）

また、豊寿が佐々城信子の母であるところから阿部光子『「或る女」の生涯』（新潮社、一九八二年）の第一章、第二章、同様に、徳富蘇峰と交流があったところから高野静子『蘇峰とその時代』（中央公論社、一九八八年）の第一四章「佐々城豊寿」が書かれている。

さらに、小檜山ルイ『アメリカ婦人宣教師——来日の背景とその影響』（東京大学出版会、一九九二年）に「終章　果実——「影響」のゆくえ」がある。小檜山は、二〇一三年春号より『キリスト教文化』（かんよう出版）に「佐々城豊寿とその時代」を連載中である。

なお、豊寿の夫となった佐々城本支（伊東友賢）に関する研究に、伊東信雄「伊東友賢小伝——プロテスタント受洗した最初の東北人の伝記」（『東北学院大学　東北文化研究所紀要』第六号、一九七四年十二月）がある。また、武井静夫「佐々城信子と北海道」（『北海道文学』、一九六六年二月）に豊寿に関する記述がある。

豊寿に関係する重要論文としては、安武留美「婦人言論の自由——宣教師とWCTUと東京婦人矯風会」（『日本研究』国際日本文化研究センター、二〇〇五年）、片野真佐子「浅井作覚書——忘れられた女性プロテスタント」（『近代日本のキリスト教と女性たち』新教出版社、一九九五年）、鄭玹汀『天皇制国家と女性——日本キリスト教史における木下尚江』（教文館、二〇一三年）があげられる。安武は、豊寿が翻訳・刊行した『婦人言論の自由』の当時における位置と意義を明らかにした。片野は、『東京婦人矯風雑誌』の編輯委員を豊寿と並んで務めた浅井作を掘り起こした。鄭は、内村鑑三について批判的に検討し、豊寿と内村の対立関係を明確にした

（同書二〇〇～二〇三頁等）。
（2）拙著『御一新とジェンダー――荻生徂徠から教育勅語まで』東京大学出版会、二〇〇五年、六頁、および、拙稿「「牝鶏の害」と、「女権（female power）」と「女権（women's rights）」」『女性史学』第一八号、二〇〇八年、三二頁を参照。
（3）林葉子前掲論文、六頁。
（4）相馬黒光「黙移」（『婦人之友』一九三四年一～六月）、『黙移』女性時代社、一九三六年。
（5）十一月に東京女学校と改称される。
（6）のちの『東京曙新聞』。
（7）さらに十一月、東京府は違式詿違《かいい》条例を出し、「婦人ニテ謂《いわ》レナク断髪スル者」（詿違罪目第三九条）、「男ニテ女粧シ、女ニテ男粧シ、或ハ奇怪ノ粉飾ヲ為シテ醜体ヲ露ス者」（違式罪目第六二条）を禁じた。
（8）この時女子師範に入学した母・千世からの山川菊栄による聞き書き。『おんな二代の記』平凡社・東洋文庫、一九七二年、三七頁。
なお、千世と同時に女子師範に入学した母を持つ「国会さん」（堀部国会《くにえ》）から菊栄宛の手紙には、「服装は、髪は男まげと申しチョンまげ、袴は男物でマチ高、木綿じまのきもの、男女の別はなかったらしいのです」（『おんな二代の記』、三六六頁）とある。すなわち、二つの話では、袴は「マチをずっと低くしてあった」、「マチ高」だったという点が異なるのであるが、手紙にみられる「国会さん」の母の記憶は曖昧であり、他方、『武家の女性』（一九三三年）、『おんな二代の記』にみられる、菊栄による千世からの聞き書きは詳細であるから、こちらを採ることにした。

また、拙著『良妻賢母主義から外れた人々』、九～一〇頁を参照されたい。ただし、一〇頁一一～一四行は、以下に差し替えることとする。

なお、まちだかの袴（襠高袴《まちだかばかま》）とは、襠を高く取った袴で、武士が正装に用いてきたものである。続く女子師範の開校式（一八七五年十一月）では、「マチをずっと低くしてあっただけで、あとは男物と同じ」（山川菊栄『おんな二代の記』）袴が官給された。それでも非難は止まず、やがて袴の着用は禁止され、着物姿に戻るのである。

（9）女子を（男子同様に）教育して国力を増大させるという構想であり、森有礼や中村正直が提唱した。これを、のちの「良妻賢母教育」「良妻賢母主義」と区別して、「賢母良妻教育」と呼ぶことにする。

『おんな二代の記』には、中村正直が、「日本へ帰ったら女子教育に力をいれなければ日本は危い、婦人が今のままでは日本は外国と競争できないと痛切に感じました」（三二頁）とある。また、中村が「とくに高等教育を与える意味の賢母良妻を主張したことは、明治中期以後の、女子の高等教育に反対する意味の賢母良妻主義ではなく」（三四頁）ともある。

ちなみに、豊寿は、同人社の女学校において「生徒といっても十人たらず」（千世）のうちの一人、ということになる。

（10）「黙移」。また、『仙台人名大辞書』に、「常に男装して長袴を穿き、汗馬に鞭ちて市中を馳駆し」とある。宇津三九頁。

（11）なお、矯風会事務所は「女学雑誌社内」である。

（12）天理人道と言っても、場所や時代によって異なる条件付きのものであるということ。拙著『国民道徳とジェンダー——福沢諭吉・井上哲次郎・和辻哲郎』東京大学出版会、二〇〇七年、五六〜五七頁を参照。

（13）「人民の移住と娼婦の出稼」（『時事新報』一八九六年一月十八日、福沢⑮362）。

（14）たとえば、五味百合子は、なぜ出版条例に依らなかったのか不明である、「時事問題を論ずるためであったろうか」と推測している。『「婦人新報」解説・総目次・索引』不二出版、一九八六年、「解説」。

（15）以下、『婦人言論の自由』と記す。

（16）34「女性は教会で黙っていなさい。女性には話すことが許されていないのです。立法も言っているように、女性は従いなさい」。なお、35「もし、何か学びたいことがあれば、家で自分の夫に尋ねなさい。教会で話すのは、女性にとっては恥ずべきことです」（フランシスコ会聖書研究所訳『新約聖書』中央出版社、改訂版一九八四年。以下同様）。

（17）三鬼浩子「明治婦人雑誌の軌跡」、近代女性文化史研究会編『婦人雑誌の夜明け』大空社、一九八九年、所収。

（18）この点、『婦人矯風雑誌』（『東京婦人矯風雑誌』の後継誌）が学術雑誌として出版条例に依っていた頃を回顧する座談会（『婦人新報』第三七〇号、一九二九年）で、（保証金を出せずに出版条例に依っていたが）時事問題に触れたことにより発行停止処分を受けたため、（『婦人新報』に）改題して発行を継続した、何が時事に触れたとみなされたかというと、〝真の矯風改革家は表面の風波のために心を動かされず〟という文脈で〝日清戦争の如き一時の風波〟とあったことのようだ、とある。前掲『「婦人新報」解説・総目次・索引』、五味百合子「解説」。なお、これは、『婦人矯風雑誌』第一五号（一八九五年一月）の社説「一時の風波に迷ふ勿れ」のことである。この後、『婦人新報』は、一八九七年五月二十五日より「新聞紙条例に従ひ保証金を納め政治を議し、時事をも論んじ得るやうにした」（「婦人新報改刊の辞」）。

（19）とはいえ、同記事にはさらに続けて、「聴衆の男子中に甚だ失敬なる言語を発するものあり」、「折々奇異なる言を発し失敬なる標語を弁士に加へて得意とする野蛮なる男子あり」とある。つまり、巌本は、聴衆を女性に限る理由として、こうした「野蛮なる男子」による妨害もあげたわけである。

（20）なお、安武論文では、この点については論じられておらず、木村鐙子の急死を機に「巌本を介して日本人男性キリスト者たちの影響力が強まっていった」（安武一四〇頁）として、巌本との関係が否定的にとらえられている。また、鄭論文では、『東京婦人矯風雑誌』の雑誌編輯所が長栄女塾に移転し「編輯人も浅井柞に代わった」

ことが、「巌本ら男性キリスト者から離れて独立した女性組織になることをめざした」（鄭九五頁）として、肯定的に評価されている。

（21）のちの宮城女学院での教え子の証言。学校法人宮城女学院『天にみ栄え―宮城女学院の百年―』、一九八七年、三〇六頁（片野四九頁）。

（22）「勧話」の内容は以下である。「〔前略〕中にも小慧利《こざかしき》に見ゆる蛙《かわず》一つの動議を起して曰けるは、人間の無状なるは今に始めぬ事ながらさればとて我々も卑屈に匍匐《ほふく》し居るが故に人間にも踏付にせらるゝならん、若し彼と同一に直立して歩行したらんには、やはか踏付らるゝ事はあるまじと得意面《がお》して述べたりける。茲《こ》は名案なり良法なりけり、然らは是よりは蛙の歩行を改良して直行するものとす可《べ》しとて、先づ試みに其列を整へ、総大将とも見ゆる蟇蛙《ひきがえる》は真前《まっさき》に進み出で一勢に直立の号令を発し小隊進めと云《いう》や否《いな》、列の内にて止めよ々々と云《いう》者あり〔後略〕」（句読点引用者）。

（23）原文の表記は「クリスチヤン、ホーム」（『女学雑誌』）、「クリスチヤンホーム」（『東京婦人矯風雑誌』）だが、「クリスチャン・ホーム」で統一する。

（24）『内村鑑三全集』（岩波書店、一九八〇～八四年）の、第一巻を「内村①」と略記し、その後に頁を記す。

（25）仮事務所と雑誌編輯所は、ともに豊寿の「修身職業　英和女学校」内に置かれていた。

（26）佐々城豊寿「O・S・C君に答ふ」『女学雑誌』第一六五号、一八八九年六月八日。

（27）なお、同時期の『東京婦人矯風雑誌』第二七号（一八九〇年七月十九日）の論説「議員選挙に就て」（浅井さく述）は、男性議員が婦人の声を聴くことを要求しつつ、女性の参政という主張を非難する論陣を張っている。婦人は、人類として受けられるはずの自由幸福において男子と同等同権であるとしても、責任には区別がある、と。そして、そこには次のような激しい言葉が並んでいる。

「欧米の飛揚《とびあがり》たる婦人は頻りに男女同権を唱へて自ら参政の権を得ん事を熱望せりと雖も、元来婦人には自《おのずか》ら守るへき区域勉むへき職務ありて容易に其範囲を超ゆべからさる者とす。〔中略〕婦人は其初め男子と併立して奔走するか為に造り出されたる者にはあらず。男子の助手《たすけて》として造いたされたる者なれば、固より其責任を同ふすべき者にはあらず。〔中略〕既に此の区別あり、さるを世の婦人動《やや》もすれば此区別を取違て、往《おうおうママ》に政権上に嘴《くちばし》を容《いれ》、或は政談に身を委《ゆだね》、もしくは夫妻の間其主義の異同を主張し、風波を起し、離別を醸《かも》すなど、往々《おうおう》聴《きく》所にして忌わしき限りなりと云《いう》べし」（句読点引用者）。

（28）『東京婦人矯風雑誌』第二八号（八月十六日）は、記事で、女性の政社加入禁止は許容しつつも、政談の傍聴、わけても、帝国議会への傍聴参観も禁止されることに反対を表明している。

（29）なお、この頃、キリスト教への逆風の中で、キリスト教界の指導者の一人である田村直臣《なおおみ》を、日本の女性の地位が低いと描いたその著書『日本の花嫁』（*The Japanese Bride*, 1893）をもって、「売国奴」として糾弾する動きが起こっている。田村は孤立し、教師職を剥奪された（鄭四一～四三頁）。田村は、その著書『基督教と政治』（一八九〇年）で、「人は神の前には女でも男でも〔中略〕同等同権である」との立場をとっており、豊寿は、盟友としての、男性キリスト教指導者たちの変容と萎縮にも直面したのである。

（30）宇津（八一頁）、及び、安武留美、*Transnational Women's Activism: The United States, Japan, and Japanese Immigrant Communities in California, 1859-1920* (New York University Press, 2004), 74-75. を参照。

なお、片野前掲論文は、総会での矢島の所信表明の言葉（「本会は禁酒を主張する者なるに、今まで主として風俗に関することに尽力したるを以て、ウエスト嬢にも驚かれたる様子なれども、本より吾等は禁酒の大切なることを確信するものなれば、精神上其為に力を尽くさん」）をもって、矢島らと「潮田・佐々城のグループ」の合流と解す（片野四六頁）が、矢島のこの言葉は、「風俗に関すること」に対して「禁酒」を打ちだしているとみることができる。

（31）宇津前掲論文。豊寿一家は結局、伊達紋別に落ち着く。北海道で「一大女学校」を建設することが豊寿の目標であった。

(32)『女学雑誌』の同僚・川合信水に宛てた清水豊子の手紙には、「此悲境に陥りし」、「あゝ妹は今や種々の病苦に遭ひ心神殆んど暗むる計なる」、「今は妹は愛兄の前に最も弱く最も憐れなる一女子とはなり了いぬ」、「妾は今や苦しみて腸も裂なんとする」等の言葉がみられる。ここからすると、豊子の妊娠は合意によるものではないと推察される。中山和子『漱石・女性・ジェンダー』翰林書房、二〇〇三年、四一〇～四一三頁を参照。拙著『管野スガ再考』、四九頁。

なお、この件に関連して、福田（景山）英著『妾の半生涯』に、景山は自由党系の重鎮・大井憲太郎と結婚するつもりであったのだが、大井が、景山と清水への手紙を取り違えて出してしまった（清水にも大井との間に子ができていたことが景山に露見した）事件なるものが起こって、破局となった、というくだりがある。とはいえ、これは、（たとえ景山は信じたとしても）大井の言い分に基づく、信じがたい出来事だと言うべきであろう。

(33)『東京婦人矯風雑誌』は、第五七号（一八九三年二月）までは現存しており、五味百合子は、のち休刊となったものか事情は不明であるとする（前掲「解題」）。

(34)『国民新聞』の記者となって日清戦争に従軍していた独歩が、佐々城家での饗応に招かれた。

(35)なお、後年のことであるが、山川菊栄は『日本婦人運動小史』（大和書房、一九七九年。初出「母親のための婦人運動史」『婦人指導者』一九五七～一九五八年）で、豊寿を、「婦人矯風会の初代会長、当時日本橋で評判の病院の院長夫人、はでな社交家で鹿鳴館時代のパーティーのご定連」で、「鹿鳴館時代の貴婦人に珍しくなかったスキャンダルのために、社会的に葬られ」と描いている（同書七四頁）。宇津前掲論文。

(36)阿部光子前掲書、鈴木二三雄「もうひとりのミス・キダーの生徒」フェリス女学院資料室『あゆみ』第一四号、一九八四年、を参照。

（37）「又も例の幻術をもて首尾よく農学博士の令室となりすまし、いと安らかに、楽しく清き家庭を整へ居らる、とか」。拙著『管野スガ再考』、三三〜三四頁を参照。
（38）潮田千勢子「佐々城豊寿女史」三、『婦女新聞』第六一号、一九〇一年七月八日。
（39）本章2〜6は、研究ノート「廃娼運動誕生の苦悶——東京婦人矯風会・『東京婦人矯風雑誌』・佐々城豊寿」（『女性史学』第二五号〔二〇一五年七月。女性史総合研究会・女性史学編集委員会編〕）を元にしたものである。

▼第三章　湘煙とその時代——岸田俊子の実像を探る

はじめに

岸田俊子《としこ》（一八六一 - 一九〇一。俊、俊女、中島俊子。湘煙《しょうえん》、湘烟）は、一八八二（明治十五）年四月一日の大阪道頓堀を手始めに、中国・四国から九州にいたる民権派の政談演説会で演説し、女弁士・「紅一点」として名を馳せた。

こうした俊子は、敗戦・占領期に、女性が「男女同権」を唱えた先駆けとして脚光を浴びる。と同時に、東京へ移って、初代衆議院議長となる中島信行と結婚した後の時期については、「転向」という眼差しが注がれた。この見方は今日も払拭されてはいない。

だが、実際の岸田は、「岸田社中」と称して、女弟子三人（うち二人は八歳）を率いて、女子に学問をと訴え「女子大演説会」を開くという人物である。一八八三（明治十六）年十月二日には、京都で初めての演説（「函入娘《はこいりむすめ》」）を敢行した。場所は、四条通り沿いの北の演劇場《しばい》（北座）、つまり、祇園、それも、娼妓を中心とする祇園乙部の只中である。演説会は騒然となり、十日後、俊子は、滋賀県大津での演説（同名）が集会条例違反にあたるとして投獄された。

東京に移ってからも、一八八七年四月二十日、首相官邸での仮装舞踏会の際に伊藤博文が、鹿鳴館の花と謳われた戸田伯爵夫人を襲ったという噂が流れて騒然とした時、俊子は、ことの真偽と事実の場合は伊藤を処分することを求めて奔走した。同時に、『女学雑誌』で、男子が女子の前で「猥褻の談」に及ぶなどの「弊習」に対して、女性自身が怒ることができなければ、女子の地位の向上はないという論陣を張った。

言い換えれば、俊子は、「文明開化」「明治」の核心として、江戸時代から引き継いだ、性（セクシュアリティ）を通じた男たちによる女の支配――その巨大な制度が公娼制である――という問題に立ち向かおうと呼びかけたのである。

1 「女丈夫」の登場

一八八二（明治十五）年四月一日、大阪道頓堀の朝日座で開催された政談演説会で、湘煙・岸田俊子が演壇に上り、「婦女ノ道」を演説した。俊子の登場は、騒然たる政談演説会で女性が演説をするという衝撃的なものだった。前年十月には、一八九〇（明治二十三）年に国会を開設するという勅諭が出される一方、自由党が創設され、政治情勢は一気に流動化していた。

大阪では、『大阪日報』の記者を中心に、自由党副総理の中島信行を総理に迎えて立憲政党を結成し、一八八二年二月一日に『日本立憲政党新聞』を創刊した。創刊時の部数は四〇〇〇部を超えたというが、早くも第一四号（同年二月十七日）で発行停止処分を受けた。同紙は三月三十一日に復刊する（第十五号）。そして、翌日道頓堀朝日座で「臨時政談演説討論会」を開催することを告げた。そ

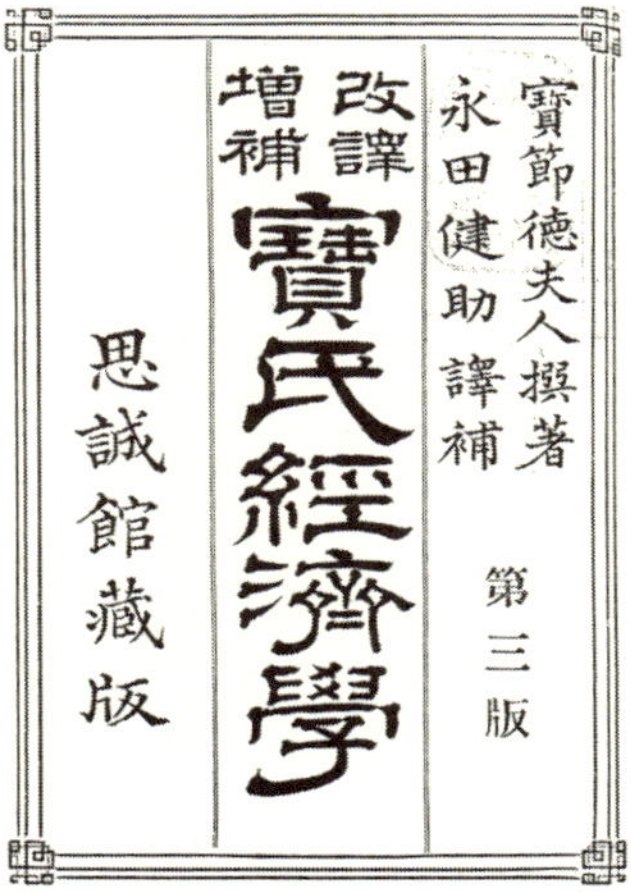

『改訳増補　宝氏経済学』

の目玉は、「婦女の道」を演説する弱冠二十歳の岸田俊子であった。『日本立憲政党新聞』にしてみれば、生き残りをかけた賭けだったわけである。このように俊子は、鳴り物入りで宣伝されるなかを登場したのである。

　このとき俊子は、裁縫の業《わざ》は言うまでもなく、皇后に和漢歴史を講じたこともある由緒正しい女性だと紹介された。さらに、次のようにある。

　其平生の心志磊落《らいらく》談論活発にして、明眸皓歯《めいぼうこうし》の阿娜《あだ》たるを見るにあらざるよりは宛《えん》として鬚眉《しゅび》男児に接するの想ひありとは、実に驚くべきの奇婦人と謂ふべし。近日又頻《しきり》に女権論を主張さるゝと云ふ。他年東洋に一個の后塞徳《フォーセット》夫人を生ずるは期して俟つべきなり。（選集①232。[1] 句読点引用者、以下同様）

　つまり、明眸皓歯《めいぼうこうし》の美女であることを見なければまるで男と話しているような気がする、実に驚くべき「奇婦人」で、しかも、いずれ「東洋に一個の后塞徳《フォーセット》夫人を生ずる」のが期待できる、と告げられたのである。

What I Remember（『思い出すこと』原著）に
掲載されたフォーセット夫妻肖像画

『改訳増補　宝氏経済学』に掲載された
フォーセット夫婦の肖像

「フォーセット夫人」とは、ミリセント・ギャレット・フォーセット（Millicent Garrett Fawcett, 1847-1929）のことで、イギリスで女性参政権運動の先頭に立っていた女性である。演説の名手であったが、同時に、彼女が書いた経済学の入門書が広く読まれていた。それが日本で続々と翻訳され、学生・知識人の間で名高い存在であった。

一八七七（明治十）年には、『宝氏経済学』（宝《ファ》節《セット》徳氏原撰、永田健助訳）と『経済学階梯』（法舌屠氏著、田沢鎮太郎訳）が刊行されているが、ともに『初心者のための経済学（*Political Economy for Beginners*）』（一八七〇年）の翻訳であるから、同書への注目度がうかがえる。同時に、議員である盲目の夫を扶《たす》けて、夫婦で議会にかよう姿が、夫婦の鑑だと目されていた。『宝氏経済学』には「博士宝節徳氏夫婦之肖像」が掲げられ、冒頭に「宝節徳氏夫婦肖像記」がおかれて、「嗚呼此ノ

岸田俊子

如キ配偶ハ世上ニ幾許アルヤ」と結ばれている。このあたりが明治の知識人（男たち）の琴線にふれたと言えるであろう。

そして、あのフォーセット夫人のような女性が日本にも出現するのだと『日本立憲政党新聞』は宣伝したのである。

このような知と徳の高い女性が日本にも現れるかもしれないと言っているのは、注目に値する。血に染まるフランス革命やロシア虚無党を念頭に置く自由党系一般とはひと味違うのである。俊子を立憲政党に紹介したのは土居通予《みちまさ》だとされている――一八九九年四月十六日から五月四日の『報知新聞』に掲載された「夫人の素顔　中島湘煙女史」には、「女史が政党の仲間入りしたる紹介人は土居通予《つうよ》」（四月十九日）との記載がある（選集①193）――が、この記事には、古沢滋《うろう》（社説掛）等のイギリス留学組の目が感じられる。古沢は明治三年から六年まで官費留学生としてイギリスにいたから、演説する若き「フォーセット夫人」を目の当たりにしていたはずである。

道頓堀での演説会は大盛況で、当日つめかけた二千人余の聴衆に、俊子は鮮烈な印象を与えた。『立憲政党新聞』（第十八号、一八八二年四月五日）は、道頓堀朝日座での演説会は予想をはるかに越える盛況で、五時開始のところ、聴衆が三時から詰めかけた、「弁士は例の如く各々雄弁を揮ひて喝采拍手を得たりしが、中にも岸田とし女の如きは容儀も端麗にして語音も清朗に且つ其論旨も高妙なりしかば、聴衆も皆心耳を済し且つ喝采も一段盛んなりき」と報じている。前述の『報知新聞』

（一八九九年）には、俊子は、「白襟三枚襲《がさ》ねに島田髪の出立ち」、元宮仕えの身のこなしで最もしとやかに壇上に現れた（選集①194）とあるから、この姿で朗々と演説したわけである。

四月六日、自由党総理板垣退助が岐阜で刺された。翌日、俊子は予定どおり「女子亦《もまた》剛柔ヲ兼有セザル可ラズ」を演説すると、ただちに岐阜へ駆けつけた。その後大阪で療養していた板垣の見舞いに来た岡山の津下粂子《くめこ》らに説得されて、五月十三・十四日に岡山で演説した。このあと俊子は、政談演説会の目玉として、大阪・四国・九州を行脚するが、このときにピストルを携帯していたという。

さらには、六月三日の「集会条例」改正で臨監警察官に中止・解散命令権が与えられ、演説会は騒然となる。にもかかわらず、俊子は演壇に立ち続ける。七月四日の『自由新聞』は「女丈夫の名を得たる岸田俊子」と評している。「丈夫」は一人前の男子という意味であるから、「女丈夫」は、そうした男子に匹敵する立派な女という意味になる（関口2014b:1-2）。[2]

2　「湘烟女史岸田俊子（二十年）」という仕掛け

次に、どのような経緯で大阪道頓堀での政談演説会に俊子が出ることになったのか、誰が仕掛けたのかという点について検討してみたい。

「夫人の素顔　中島湘煙女史」には「同党（立憲政党―引用者注）の人々女史の並々ならぬ才学を見抜き政談演説を遣つたら妙ならんとの思付《おもいつき》にて之を勧誘したるに女史一度《ひとた》びは辞したれど強ひての

勧めに承諾し」たと書かれている（『報知新聞』一八九九年四月十九日）。とすると、まず、立憲政党の古沢滋等に先見の明があったというべきであろう。さらにもう一人、おそらく植木枝盛が関係するのではないかと思われる。

俊子は、一八八一年四月に病気を理由に宮中を辞したのち、やがて、母・タカとともに京都を発ち、旅に出る。同年秋冬には、母とともに土佐に滞在する。『高知新聞』記者の坂崎紫瀾《しらん》や宮崎夢柳《むりゅう》と交流しており、『高知新聞』には俊子と応酬した夢柳の漢詩が掲載されている。

この頃、『高知新聞』の主幹をしていたのが植木枝盛である。植木は、前年九月に大阪で古沢滋らと会い、十三日に「大坂日報社客員」となり、十五日の演説会で「女子に代るの演舌」を、十七日には千日前で「男女同権論」を演説していた（「植木枝盛日記」）[3]。植木は「女子」の位置、「男女同権」という問題に並々ならぬ関心を持っていたのである。

高知・大阪間は船で一日足らずで行けることもあり[4]、植木と『大阪日報』との縁は深い。土佐では、まだ日刊新聞がない頃、『大阪日報』がよく読まれていた。八一（明治十四）年一月になると、「植木枝盛日記」一月二十九日の条に「古沢滋、小島忠里等と面亭に会し政談。大坂演舌会のことを談ず」とある。大阪で政談演説会を開くことが、古沢・小室・植木らによって相談されていたのである。これが結実したのが、俊子が登場した道頓堀での演説会をはじめとする一連の演説会であった。

具体的な経過ははっきりしないが、「湘烟女史岸田俊子」の「女演説」という仕掛けの裏には、『大阪日報』・立憲政党の古沢滋と、『高知新聞』・立志社の植木枝盛という、土佐から大阪へ連なる人脈があった、と考えてよいのではないかと思われる（関口 2014b:16-17）。

3　演説「函入娘」——女子の教育を訴える

では、俊子自身は、いかなる動機から、何を求めて、政談演説会での演説にうって出たのであろうか。

初期の演説のうちで具体的内容が残っているのは、一八八三（明治十六）年十月十二日に滋賀県大津で行なった「函入娘」だけである。

この演説で俊子は、集会条例違反と官吏侮辱罪に問われる。十一月十五日から二十二日の『日本立憲政党新聞』に掲載された「公判傍聴筆記」によれば、臨監警官作成の「傍聴筆記」に対して、被告人俊子が、「大意は左様なるも」と認めつつも、細部を争っている。その「大意」とは、真の函入娘をつくるためには、真の函をつくる、すなわち、娘には遊芸を仕込むのではなく、きちんとした教育をする必要があるというものである。

俊子が演説を開始した前日三月三十一日の『日本立憲政党新聞』には、「我が国の母儀の脩《おさま》らざるを嘆息し時機あらば一大学校を創設し以て女子の為従来の悪慣習を改良せんと熱心企望して居らるゝ由」とあるから、俊子は女子のための学校の創設を考えていたのであろう。また、後年の日記の一九〇一（明治三十四）年一月二日の条には、この頃をふり返って、「国の文明は婦女の教育が第一と心に深く信じこれを唱道するは我が職分なりとの他意なきより東西南北に馳逐し、おのが名誉富貴は毫も顧みざりし」（選集③206）とある。

以上からすると、俊子は、女子への教育が文明国家建設の鍵になると考えて、女子教育を訴えて回っていたと考えられる。従来、『自由燈《じゆうのともしび》』創刊の頃に連載された論説「同胞姉妹に告ぐ」を根拠に、俊子は参政権等の「男女同権」を訴えたとされてきたが、何よりもまず、女子教育を訴えたとみるべきであろう（関口 2014b:62-63）。

4　女子の教育を訴えて監獄へ入れられる

ところが、一八八三（明治十六）年十月十二日、滋賀県大津での演説会（四の宮の劇場）で、俊子はいきなり拘引されて、監獄に放り込まれてしまう。

その演説会は、政談演説会ではなく学術演説会で、しかも、「岸田社中」による「女子大演説会」であった。「岸田社中」とは、俊子を入れて四人の「女子」で、うち二人は八歳であった。そこでの俊子の演説「函入娘」は、女子教育を訴える、女性による演説であった。

演説の主な主張は、女子を学文（学問）をもって教育しなければいけない、学文は、嫁入りの妨げになるどころか「嫁入第一ノ道具」である、その学文とは経済学と修身学である、子供には道徳をもって教えるべきであり、踊りや三味線などの芸をしこむのではいけないというものであったとみられる（関口 2016b:30）。

こうした演説が監獄に放り込むという弾圧の対象となったのであるから、驚きである。それだけでなく、この出来事は異様であった。演説中に中止・解散命令を出すのではなく、五、六百人いたという聴衆が解散した後で、演説が政談に渉ったとして俊子を拘引し、さらに、拘留した警察署からそのまま監獄（未決監）へ護送したのである（関口 2014b:67）。

じつはこの十日前（十月二日）にも、「岸田社中」は京都四条北の演劇場《しばい》で「女子大演説会」を開催していた。京都では初めての演説で、二千人以上集まった（『日本立憲政党新聞』十月五日）という。ただし、俊子が演説を始めると騒然となった。

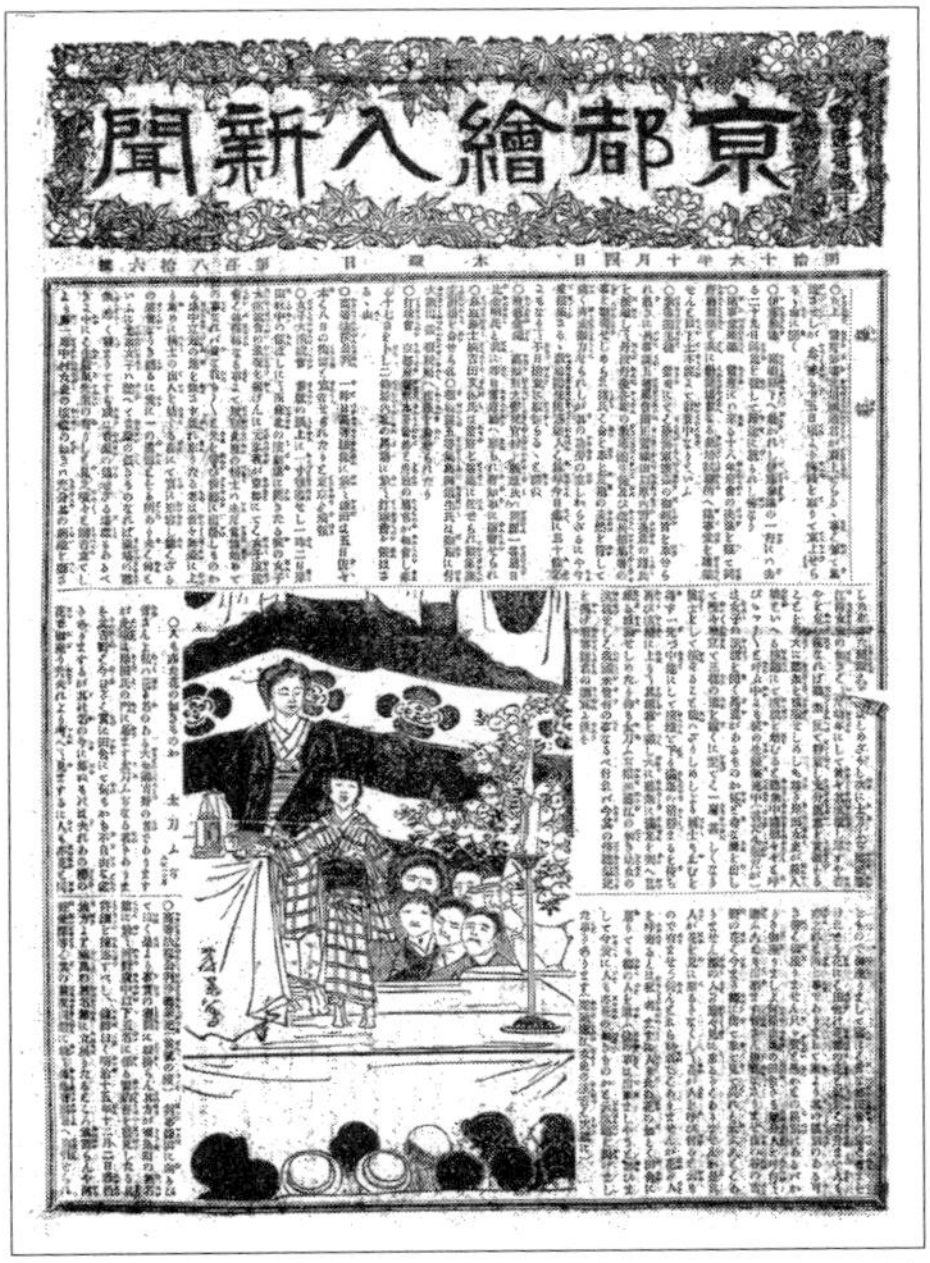

女子大演説会の記事（『京都絵入新聞』1883年10月4日）（東京大学大学院法学政治学研究科付属近代日本法政史料センター明治新聞雑誌文庫=所蔵）

岸田女史が箱入娘をいへる演題にて演説を始むると、聴衆中謹聴々々と呼びヒヤ〱と呼ぶ中にも彼の生意気連中（甚だ失敬だが）は、女子の演説を聞く馬鹿があるものか抔《など》と奇な声を出して哩々喚《めい〱わめき》立て、三従の道を説くに至ては一層甚しくなり弁士をして演ずること能はざりしめしより、弁士も止むを得ず一先づ中途にして演壇を下り、満場の稍《やゝ》静まるを待ち再び演壇に上りて其趣意を尽し大に聴衆に満足を与へ且つ頗る感動せしめたり。（『京都絵入新聞』一八八三年十月四日。選集①261）

「女子大演説会」に来て、「女子の演説を聞く馬鹿があるものか抔《など》と奇な声を出して哩々喚《めい〱わめき》立て」というのも妙な話で、「女子大演説会」をつぶしに大挙してやって来たとみてもよいのではないだろうか。四条通り沿いの北の演劇場（北座）は祇園、なかでも（舞妓・芸妓よりも）娼妓を中心とする祇園乙部[5]に位置する。西の人身売買の終着点の一つであったといっても過言ではない。ここで、女子に学問をと訴えることは、そのまま、貸座敷業と芸娼妓教育への批判にもなり得るのである。

俊子への異様な弾圧が実際にどのような経緯で起こったのかは不明であるが、京都で初めての演説には、中断せざるを得ないほどのヤジが飛び、十日後の大津での演説会では、終了後に拘引されて、監獄に放り込まれたということである。

監獄で俊子は重い病に倒れる。その結果、十月十九日に責付《せきふ》（拘留の執行停止）とされ、二十日に釈放される。

「集会条例」違反で有罪

拘留一カ月後（十一月十二日）に裁判が行なわれた。集会条例違反と官吏侮辱罪に問われたが、集会条例違反で有罪（罰金刑）という判決が下った（十三日）。学術集会の届出であるにも関わらず政談に渉《わた》った（集会条例第一六条第二項に抵触）というのがその理由である。

裁判では、冒頭で、臨検警察官作成の「傍聴筆記」（演説の筆記）が読み上げられ、今朗読したとおりの演説をしたに相違ないかと俊子に問われた。俊子は敢然と、「今日の不自由も明日の自由となる」とは言っておらず、「今夕の雨の不自由」も「明日は晴の自由となる」と述べたに過ぎない等々を述べた。

このように、俊子の「自由」「不自由」の使い方は、体が「自由」になる、カネに「不自由」する等の使い方に近い。臨検警察官作成の「傍聴筆記」には、「今日ノ不自由モ、明日ノ自由トナルノ媒介トナルナカランカ」、あるいはまた、「之《こ》レカタメ花ハ不自由ヲ極ムル而已《のみ》カ、籬《まがき》ノ法律ノ為メニ捕縛セラル丶」などとあるが、これらは、削除されたり、挿入されたり、総じて改竄されていると考えられる（関口 2014b:32-35）。

これでは、女子教育をはじめ、いかなる演説をしても、デッチ上げで集会条例違反とされかねない。それでも俊子は演説を敢行しているが、身動きがとれないほど不自由だったことであろう。やがて、俊子は、活動の場を東京に移す方向に次第に向かう。そしておそらくこれと並行して、中島信行との結婚という問題が起こるのである。

5 中島信行との結婚

一八八四（明治十七）年三月、俊子は、中島信行・陸奥宗光とともに上京する。五月には、星亨《とおる》が自由党系の大衆紙『自由燈』を創刊する。そして、その紙面に「志ゆん女」の名で「同胞姉妹に告ぐ」が十回にわたって連載される。

この後、俊子と信行の親密な関係が新聞で報じられ、「自由結婚」という揶揄や非難の目が向けられた。三月に三人で上京してきた後、六月に信行と俊子が熱海に遊んだとされている。

俊子自身は結婚にいたる経緯について、フェリス女学校での教え子・山田もと子に、「「あの時はね、初めから、陸奥、後藤、星、板垣などの同志が皆同穴の狐だつたのサ」と云つて哄笑した」という。(6) つまり、はっきりしたことは不明であるが、自由党中枢で、岸田俊子と中島信行を一緒にさせようという策謀が練られていて、結局、信行も、俊子も、これに乗ることになったようなのである。

じつは、この結婚には第三者ならぬ三人目の当事者がいた。それが、一八八二（明治十五）年末、四年三カ月ぶりに出所してきた陸奥宗光である。陸奥の妹が中島の亡妻で、遺された三人の男児に賢い母をつけたいという強い願いを持っていた。この叔父・宗光の意向を自由党連がくんで、その共謀どおり（?）、俊子と信行が、納まるところへ納まったということのようである。前述の『報知新聞』（一八九九年）によれば、陸奥が俊子に、「今度東京にて「自由の燈」と云ふ新聞を起すに付記者となりては」と勧めたそうであるから、「初めから、陸奥、後藤、星、板垣などの同志が皆同穴の狐だつたのサ」とは、このあたりのことを指しているのではないだろうか。

俊子と信行の二人には、同じではないとしても、それぞれ「自由」への高い志があり、また他方では、そのために人知れぬ苦労も抱えていたから、〝割れ鍋に綴じ蓋〟といった面もあったと思われる。「国事」に飛び回る信行の頭からは、亡妻との間の三児（男子）の養育という懸念が去らなかったという。他方、俊子の方は、たとえ監獄で意気軒昂としていたにせよ、倒れるほどの病を獄中で得て、しかも、集会条例で有罪となり、また、何よりも、母子二人でこれからどうやって暮らしていくのか、という問題がその肩に重くのしかかっていたのではないだろうか。俊子には母タカ（竹香女史）が影のように付き添っており、結婚後も基本的に同居して家事を取り仕切ることからすると、この二人の居場所という問題がまずもってあったと考えられるのである。俊子がフェリス女学校の校費生山田もと子とその母に奇妙なほど同情している（「湘煙日記」）のも、このことと関係しているのではないかと思われる（関口 2014b:18,285）。

いずれにせよ、中島信行の配偶、しかも、伴侶《コンパニオン》となる過程で、俊子は、自由党、ないし、土佐人脈中枢のインサイダーとならざるを得ない。その結果、俊子の口はますます固くなっていったのであろう。「自由結婚」などと囃し立てられて、言い返しもせず、一八八五年八月二十六日に婚姻届を出している（中島信行の除籍謄本により、この日に婚姻届を出したことが明らかになっている）。ただし、信行の従兄中島与一郎の墓碑銘には、すでに八四年十二月付で「妻岸田俊書」と刻まれている。(7)

6 「姦淫の空気」との闘い

東京に移った俊子と信行は、麹町区富士見町に住んだ。

俊子は、一八八六年六月から『女学雑誌』に寄稿し始める。同年七月には、番町教会のモーア牧師より、二人で洗礼を受けている。モーアはじきに東北に移ったため、二人は他の会員と共に植村正久の一番町教会（のちの富士見町教会）に移る。(8) また、俊子は、築地の新栄女学校で漢学を教えることになる。新栄女学校は長老派ミッション、なかでも、ニューヨークの婦人伝道局の強力な支援の下に創られた女学校である。(9) 飯田橋には明治女学校があり、俊子が来観したという記事も『女学雑誌』（第四九号、一八八六年十二月二十五日）に見える。こうしたことからすると、俊子は東京で、クリスチャンが少なくない人々の間で新天地を見出したと言ってよいであろう。では、あの「女丈夫」「岸田俊子」は消えてしまったのだろうか。そうではない。

仮装舞踏会で事件発生の噂

一八八七（明治二十）年四月二十日、首相官邸での仮装舞踏会の際に首相伊藤博文が戸田伯爵夫人（極子《きわこ》）を襲ったという噂が流れて、騒然とする。

俊子は、ことの真偽と事実の場合は伊藤を処分することを求めて奔走した。前述の『報知新聞』によれば、信行が伊藤と友人の間柄であるので、信行には告げずに奔走していたが、もし止められたら「情を忍び縁を断ちても社会女子の為めに身を犠牲に供せんと迄思ひ詰め」ていたという。また、事実ならば決して許してはならない女性に対する侮辱であると受けとめて、女性自身が怒らなければならない、と『女学雑誌』で論陣を張った。

「婦人歎《たん》」（『女学雑誌』第六四号・第六五号。一八八七年五月十四日・二十一日。選集①104）がそれである。「今日迄姉妹が男子より賤まれ侮らる、の原因」は智識や学問や経験が乏しいということより「単に怨み多くして怒少きこと是なり」と論じた。

余が愛するの姉妹よ、今日迄姉妹が男子より賤まれ侮らる、の原因は何に依るや。皆云ふ、智識乏しき為めなり、学問無きの為めなり、経験少きの為めなり、と。或は然らん。然れとも、猶之より甚しきものあり。姉妹は単に怨み多くして怒少き、是れなり。（選集①107）

したがって、「温和柔順中に気節」が必要であるとして、「気節凛乎たる温和柔順の姉妹」になるように訴えた。さらに、「男子と相語る」にせよ、女子がいるにも関わらず男子が「猥褻の談」に及んでも、その「不敬」「無礼」を怒れないならば、どんな議論が世に出ても、女子の地位を向上させることはできないと論じた（「今や此の弊習を一変するに非れば如何なる妙論卓説の世に出るとも決て女子の地位を高尚にすること能はずと信す」）。

俊子につづいて、巌本善治が社説「姦淫の空気」（『女学雑誌』第六五号）で、「某所の宴会に某、某侯の妻に迫りて之を追ふ」という風説をとりあげた。ただちに、一カ月の発行停止処分が『女学雑誌』に下った（関口 2014b:72-73）。

こうした非難の声が高まるなかで、結局、鹿鳴館時代は終焉に向かうわけであるから、「岸田俊子」ならぬ、「中島俊子」「湘煙女史」の存在感は大きかったとみてよいであろう。

ちなみに、二年後の「日本社会の空気」（『女学雑誌』第一五三号。一八八九年三月十六日。選集①133）は、さらに凄みのある文章である。「日本社会の空気」に「汝」と呼びかけて、前より大分よくなったけれど、まだまだ足りないと告げる。

空気、日本社会の空気よ。汝が吾等に竭《つく》すの功労は実に大なり。汝は暗淡なるより漸次に清朗に向ひたり。汝は曾て一夫一婦論者を笑ひたり。左れど今日は汝之を称賛せり。〔中略〕汝自ら知るや否や、汝は吾等社会に対して尚不忠なるぞ、尚不貞なるぞ、汝は尚兎角暗淡なるぞ。〔後略〕（選集①133〜134）

次いで、ロンドン市長の候補者に選ばれた「ヂルク」(10)に対して、一五〇〇名の婦人が彼のかつての不道徳行為を批判し、ついに立候補を断念させた例を引く。

汝、今日英国のヂルクを見ざるや。ヂルクは竜動《ロンドン》市長の候補者に撰ばれたり。左れど千五百名の婦人は彼が曾て不道徳の行ひありしを以て之を弁論して遂に之が候補者たるを見合すに至しに非ずや。

そして、「汝」、女性に智と怒りと力を与えよ、と命じる。

女性は汝涙多しと叫びたり、左れど不充分なり。若《も》し社会の人類にして道徳を乱すものありと言へば、女性をして汝先《ま》づ之が信偽を知るの智あらしめよ〔中略〕彼之を悔《く》ゆるの色なくは、女性をして汝之が為に心より怒り心より罰し遂に之をして社会に入れしめざるの勢力を有つを得せしめよ。

末尾の七言絶句はこう結ばれている。

一枝有力佳人筆（一枝力有り、佳人の筆）、不許治郎《ヂルク》為市長（許さず、ヂルク市長となるを）

横浜への転居

一八八七（明治二十）年末、保安条例（同年十二月二十六日公布）によって、中島信行に対しても、皇居から三里以内の地からの退去・三年間はその地への出入り禁止という処分が下る。そのため、二人は横浜（太田村）へ転居する。俊子はそこを「千松閣」と名づける。八八年三月にはフェリス女学校に教授として迎えられることになる。

俊子は、婦人矯風会の運動については直接言及していないが、禁酒運動をしていた横浜禁酒会（一八八六年十月発足）には寄稿して支援している。女性史研究者の中積治子によれば、一八八八年十一月に創刊された『横浜禁酒会雑誌』一号に「祝辞」、次いで、「千松閣」の名で「若葉」を『横浜禁酒会雑誌』一四号から一八号まで連載している。「若葉」は京都を舞台に、跡取り息子の深酒を案じた病床の父の心情と、それに応えて禁酒を決心する息子の物語である。『横浜禁酒会雑誌』は、二七号（一八九一年一月頃）でいきなり発行禁止処分を受けたため、誌名変更して『日本禁酒会雑誌』とするが、俊子はその一号（一八九一年三月）に「日本禁酒会雑誌発刊に際して」を寄稿している。[11]

7　新しい時代の「夫婦」

夫婦としては、長い闘いに耐えてきた沈思黙考型の信行と、十五歳年下で、活発で実践的、実務能力も高い俊子との相性はなかなかよかったようである。相馬黒光の『明治初期の三女性』には、無口な信行も、俊子とはいつも面白そうに話しており、「よくお話題が尽きないものですね」と女中たちが噂し合っていたという。[12]また、漢詩を詠むなどの趣味も共通しており、「郎」「卿《けい》」と呼び合ったという。つまり、友のような、先輩・後輩のような、同志のような、同好の士のような夫婦の関係であろうか。なお、二人の間に性関係はなかったという話もあるが、[13]たとえそうだったとしても、二

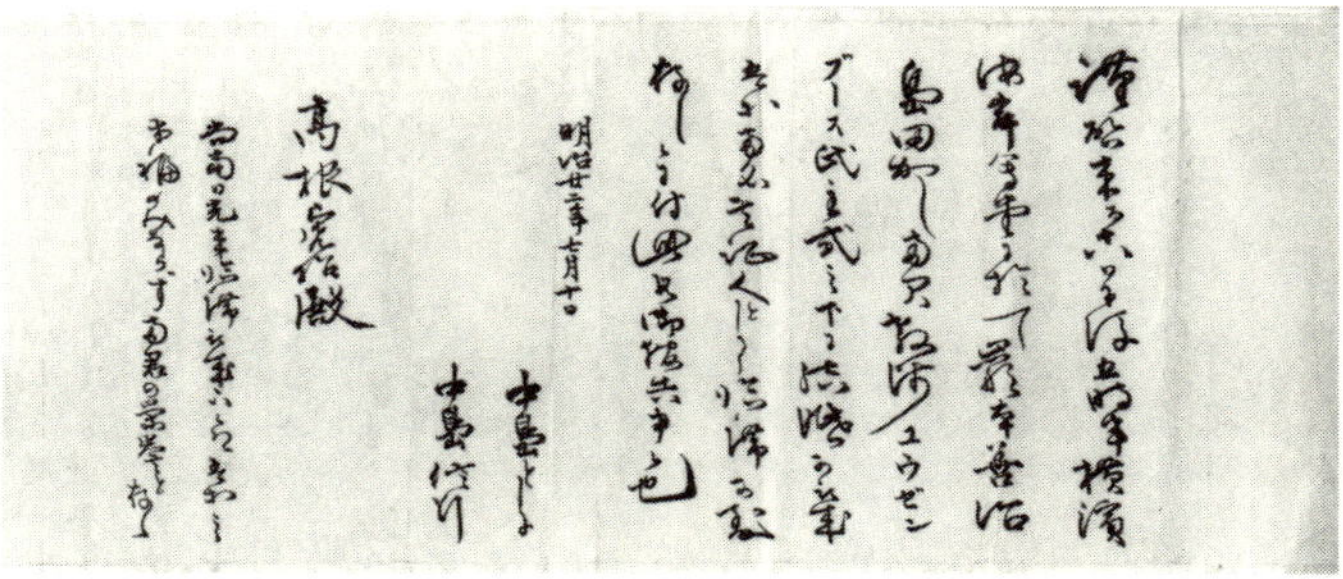

謹啓来る十八日午後五時半横浜
海岸会堂に於て巖本善治
島田かし両君教師ユウゼン
ブース氏主式之下に結婚可被成
吾等両名其証人として臨席可致
存し候に付此段御報告申候也

明治廿二年七月十日

中島とし子
中島信行

高根寛治殿

尚当日光来臨席被成下候ハヽ吾等之
幸福のみならず両君の栄誉と存候

俊子・信行からの巌本善治・島田かしの結婚式の招待状（1889年7月10日付）（フェリス女学院資料室＝所蔵）

人はお互いを、そして新たな時代の夫婦いうものを探究し合ったであろう。

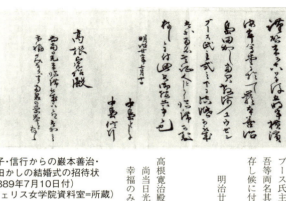

　また、いわば先輩格の夫婦として、「結婚」の証人にもなっている。一八八九（明治二十二）年七月十八日に横浜海岸教会で行なわれた巖本善治・島田かしの結婚式の招待状（七月十日付）は、中島とし子・中島信行の順の連名で出されており、筆跡は俊子のものである（上掲写真）。ちなみに、翌年十月十日の木村駿吉・石井亀子（巖本善治の妹）の結婚式の招待状（十月一日付）は、中島信行・中島とし子の順の連名で、筆跡は信行のものである[14]。

　さらに、あえていえば、活発な俊子・寡黙な信行という組合せの夫婦は、どこか、あの「フォーセット夫婦」を思わせるところがあったのではないだろうか。

「フォーセット夫人」に関しては、その後も、『宝氏経済夜話』(宝節徳氏著、片山平三郎訳、一八八五年)、『経済論問題集』(フオセツト婦人著、兼崎茂樹訳、同年)、『改訳増補　宝氏経済学』(宝節徳夫人撰著、永田健助訳補、一八八八年)などの経済の入門書の翻訳が続いていた(なお、『改訳増補　宝氏経済学』は同年中に三版〔三刷〕が出ている)。

これらは、夫であり、ケンブリッジ大学経済学教授で、グラッドストーン内閣の郵政大臣にもなったヘンリー・フォーセットの、『自由貿易論』『富国策』『農工商経済論』『経済原論』『貧困救治論』『租税論』の翻訳とともに続々と出版され、また、原書の翻刻《ほんこく》(原本どおりに印刷したもの)も何度か出されている。

早稲田大学の前身である「東京専門学校」の一八八三(明治十六)年から一八八九(明治二十二)年までの「英学科課程表」を見ると、『フォーセット小経済書』は、『ミル代議政体論』『スペンサー哲学原理』『ギゾー文明史』などとならんで定番の教科書とされている。なかでも、簡便な『フォーセット小経済書』は、一番はじめに学ぶものの一つとなっている。「英学科」は独立した学科ではなく、英語力をつけ研究力を養うためにすべての学生に開放されているものであったから、入学してきた学生は真っ先に、『フォーセット小経済書』に出会ったのではないかとみられる。そこからさらに進めば、ヘンリーによる『フォーセット大経済書』にも出会うことになるわけである。なお、これに基づいて行なった講義の記録とみられる『経済原論』(ホーセット著、天野為之述)が、「東京専門学校政治科第一年級講義録」として東京専門学校から出版されている[15]。

さらに、こうした経済書の他に、政治構想面で、夫ヘンリーとミリセントの論文・講義を集めた *Essays and Lectures on Social and Political Subjects*（『社会・政治問題に関する論文・講義』、一八七二年）が、『政治談』（宝節徳原著、渋谷慥爾訳、一八八三年）として翻訳されている。特に下巻は、その多くが、ミリセントによる女性参政権論と女子教育論で、なかでも第十章「婦人ニ選挙権ヲ付与スルノ可否ヲ論ス」は、女性参政権への反対論への逐条的な反論となっている。なお、原著では両名併記であるが、翻訳ではヘンリーの名になっている。もっとも、本の中の章にはミリセントの名前が記してあるが（関口 1999: 49）。

「フォーセット夫婦」が、めざすべき文明の男女関係（夫婦）であるとするならば、「中島夫婦」は、それを日本で実践している、新たな時代の「夫婦」の鑑（モデル）と目されていたのではないだろうか。

8　歴史的瞬間（第一議会）に立ちあう夫婦

最後に、俊子・信行という夫婦の関係、言い換えれば、カップルとしての活動について検討する。中島信行という人は、沈思黙考型で、「自由」を原理とした国家をつくるために闘った、幕末以来の、理念重視の「志士」だったとみてよいであろう。その彼が、初の「国会」（具体的には衆議院）の議長に選出され、利害や理念が激突する場の中心に位置することになった。これは、華々しい印象を受けるが、じつは、この頃、信行は、極めて厳しい立場に立たされている。たとえば、信行は、一八九〇（明治二十三）年十一月二十五日に衆議院議長に選出されるが、日本史研究者の横澤清子によれば、早くも翌一八九一年三月十日には議長辞職願を出すも不受理とされている[16]。結局、十二月二十五日の議会解散によってこの職から解放されるわけであるが、この辞職願はいったい何を意味するのであろうか。一八九一年の俊子と信行の動きをみてみよう。

ただし、この時期の俊子の遺された日記は、一八九一年九月十三日に始まる。俊子は、一八九一年十二月三十一日の日記に、一月一日から十二月三十一日までの間、一日も欠かすことなく日記を書き、それは九冊に及んだと書いている（選集③67）が、冊之一から四（一月一日〜九月十七日）と冊之六・七（十月四日〜十一月二十六日）は欠けているのである。九月十三日は、衆議院の記録を書記官が取るなどと規定した奇妙な出版物（「衆議院先例彙纂」）を出したのは本当に衆議院事務局なのか、という新聞の騒ぎからである。十八日は、冒頭から、「前夕不眠の為《ため》体不快。新聞紙報らく、山口佐七郎打殺されんとすと。一昨日の事ならん。」（選集③36）とある。佐七郎は神奈川県大住郡の豪農で、神奈川六区選出の代議士であった。信行が期待をかけて育てようとした「壮士」たちが襲撃に手を染めたことは重大で、地域の活性化を基盤に「大同団結」をはかるという信行の展望の破綻を意味しかねないものであった。しかも、左七郎や吉野泰三といった神奈川県の民権運動の領袖が攻撃の対象になり、さらに、信行自身その対象になってくる。九月二十八日に俊子は、自衛のためにピストル屋に出向いてピストルを直させている[17]。

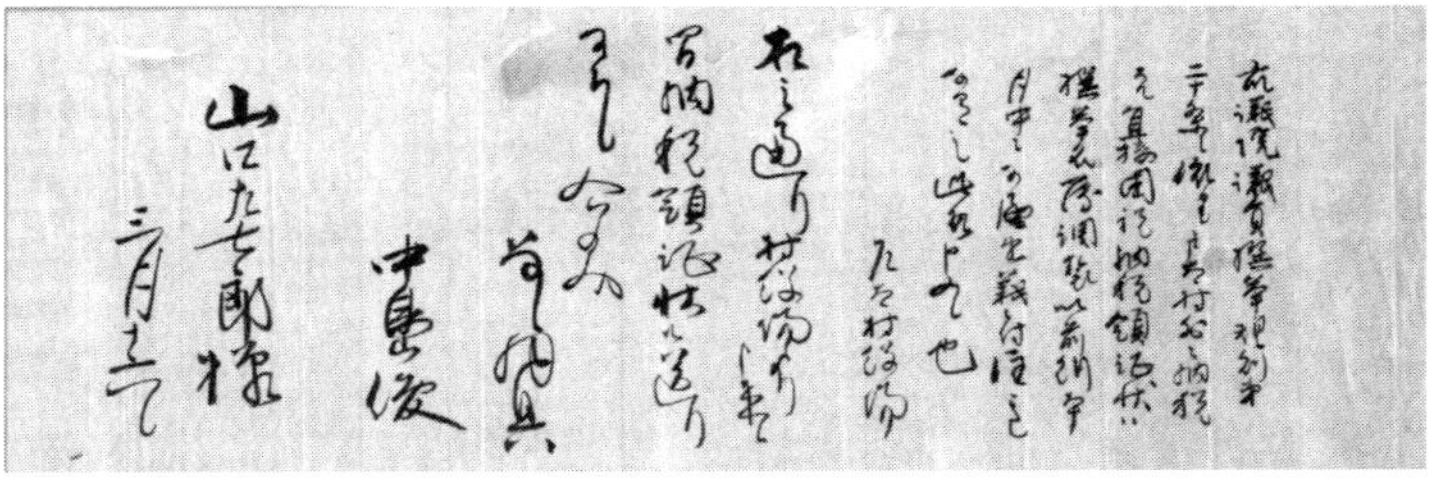

衆議院議員撰挙規則第
二十条ニ依り戸太村外ニ納税
スル直接国税納税領収証状ハ
撰挙名簿調製以前則本
月中ニ可届出義ニ付注意
可有之此段申入候也
　　　　戸太村役場
右之通り村役場より申来候
間納税領収証状御送り
可被下候右のみ
　　　　草々拝具
　　　　中島俊
三月十六日
山口佐七郎様

俊子の山口佐七郎宛書簡
（1890〔推定〕年3月16日付）
（雨岳文庫＝所蔵）

山口佐七郎は、神奈川県における信行の盟友であった。第一回総選挙で信行は神奈川五区から出馬しており、俊子（中島俊）から佐七郎に宛てた、出馬に際して納税領収書を提出する必要があるので（山口が納税を立て替えていたのか）納税領収書を送付して欲しい旨の書簡（一八九〇年〔一推定〕三月十六日付）が遺されている[18]（上掲写真）。

そればかりでなく、後のことであるが、俊子がイタリアから母に送った手紙（一八九三年六月二日付）に「はま」（佐七郎の娘）の名が出てくるし、[19]湘煙日記（一八九四年）にも佐七郎の妻（まき）と娘のことが書かれている。このように、家族ぐるみのつきあいをしていくわけである。言い換えれば、佐七郎が「壮士」の攻撃の的となった問題は、この夫婦にとって重大な意味を持っていたに違いない。

俊子の日記が一八九一年の冊之一から四、及び、冊之六・七がないのも、あるいは、こうしたことと関係するのかもしれない。ちなみに、植木枝盛と交流していた信行は、同年一月七日、壮士に襲撃され負傷した植木を見舞って、二月八日には返礼を受けている(「植木枝盛日記」)。湘煙の日記にこれに関する記述があったはずだが、それも遺っていない。いずれにせよ、この日記が遺って世に出ては、と、心穏やかではない人間が少なからずいたことは確かである。

なお、第一議会と女性の政治参入に関しては、一八九〇年十一月二十五日に議会が招集された後、まず十二月一日に衆議院規則を可決するが、これは、問題になっていた女性の傍聴禁止を削除したものである。次に、十二月二十日には、民権派が「集会及政社法」の改正案を出す。翌年三月一日の衆議院本会議では、同法を擁護した政府委員の清浦奎吾(内務省警保局長)が、「婦人は専ら内を務めなければならぬものである」のに政社に加入するようなことがあったら、「女子の本分に背くことになり、家政上にも甚た不都合を来す」と答弁する。これに対して植木が、これは、いやしくも人間であり一国の人民であり租税を納める婦人を辱めるものだ、と激しく詰め寄っている(『大日本帝国議会誌』第一巻、一九二二年)。そしてこの日、衆議院は、この改正案、すなわち、女性の政談集会への会同や政社加入も認めたものを可決する。信行が議長辞職願を出したのは、この一週間後になる。

以上のように、中島と植木のいた第一(及び第二)議会(直接には衆議院)では、男女の同等、新国家への女性の包摂が、現実に争われるという画期的事態になっていた。同時に、議長・中島の地元は、「壮士」問題で大揺れに揺れていたのである。

9　第二回総選挙以降の二人をどうみるか

信行は、結局、次の総選挙（一八九二年二月）への出馬を辞退する。これに激烈な選挙干渉、植木の死等が重なる。ここで、国会で女性の同等・同権（参政権や廃娼等）をめぐって争う見通しが立たなくなる。そもそも、自由党、改進党の対立を越えて大同団結を図ろうとする勢力以外に、弱者・女性の対等な包摂をめざして闘う代議士など、そういなかったと言っても過言ではないであろう。女性は国会や公的機関から排除されただけでなく、国会でそれを争う道も（傍聴と請願を除けば）突然見えなくなってしまうのである。

信行は、あたかも「政事」の場から抜け出してしまうかのように、動かなくなる。政治の現実的展望を失い、さらには、現実の人間に希望が持てなくなったのではないかと思われる。やがて、陸奥宗光から伊藤博文にあてて信行の特命全権公使任命願いが出され、イタリア全権公使に任命されて、一八九二（明治二十五）年九月、夫婦でイタリアへ出発する。

信行のこうした（社会内）隠遁と言ってもよいような姿勢は、俊子にも影響しているのではないだろうか。同じ頃、俊子の社会に対する活動もほぼ止まるのである。

『女学雑誌』への寄稿は、随筆「嗚呼悲哉」（『女学雑誌』第二九〇号、一八九一年十一月七日）、「『小公子』の評」（『女学雑誌』第三〇〇号、一八九二年一月十六日）が最後となる。俊子が世の中へ向けて発信するのは、主に『女学雑誌』を通じてであったから、同誌への寄稿がほぼ一八九一年で終わっているのは問題である。

また、小説では、「善悪の岐」（一八八七年七月から八月に『女学雑誌』に掲載後、十一月に女学雑誌社から単行本として刊行）、「山間の名花」（『都の花』第九〜一二号・一五号、一八八九年二〜五月）の後、発表が止まる。八年近く後の短篇「一沈一浮」（『文芸倶楽部』第三巻第二篇、一八九七年一月）まで作品の発表はない。

俊子の連載小説は、（世間から離れている）俊子からのメッセージという性格もあったとみられ、なかでも、「山間の名花」では、「私も不敏ながら一旦身を国事に委ね維新の創業を扶《たす》け、既に其時に在《あり》て身はなきものと覚悟した」（選集②160）と語る民党政治家・高園幹一の妻・芳子が、「高園君が壮士の運動を扶ける考へのあるを知つて」（同174）、それを影から支えてこの企てを成功させようとする物語である。この小説が連載された頃、信行を発起人に神奈川県倶楽部が発足しているから、小説の背景にはこの件があると考えられる。その意味で、政治情勢に直結していた。

なお、芳子はここで、一方では、元芸妓で今は高級官僚の妻となった「お優」、他方では、「師範学校を卒業せし婦人」で、英語や毛糸細工（編み物）は得意だが「温和柔順の挙動」のない「お蔦」（「男女同権」に近い論者とみられる）を痛烈に批判している。さらに、うち揃って訪ねてきた元の女弟子に対して、「私は御身等が精神を挫じくのではないが、どうぞ婦人の徳に恥ない奥優《おくゆ》かしき挙動を望むのよ。粗暴過劇《かげき》の荒男《あらおとこ》を学びて識者の嘲りを招かない様に注意して下さい」（同167）と説いている（関口 2014b:69-70）。つまり、俊子は、おそらく「男女同権」論者や、「粗暴過劇」の行動を批判する立場である。

同時に、「壮士」の暴力に対する批判を明確にしている。すなわち、論説「当時の壮士」（『女学雑誌』第二〇三号、一八九〇年三月八日、選集①180）で、「妹《まい》は諸士を敵視するに非ず寧ろ愛視するなり左れど之をフランクリーに放言すれば迷惑視せざるを得ざるを如何せん」と前置きし、「近時諸県の演説会に於ける諸士が言動は何事ぞ弁者を演壇より牽倒《ひきたお》す如き之を路に要する如き天保銭を面部に投ずる如き棍棒を与ふる如き」と壮士を厳しく批判する。さらに、論説「内助の功益」（『女学雑誌』第二二六号、一八九〇年八月十六日、同147）では、「多年虎の子の如く貯へし金銭も消費して、惜し気なきもの、の如きは、即ち今回の撰挙騒ぎなり」と書き起こしたうえで、「然るに甚不審《はなはだいぶか》しきは、この大金の消費道《みち》なり」として、賄賂の横行等を辛辣に批判する。そして、附言で、「今回改正の集会条例中、更に女子が政談演説会に立入るを禁じた」ことを批判している。

このように体を張って闘っていた俊子の言論活動が、一八九一年頃を境に見られなくなる。衆議院議長の夫人になった、病の進行で体調が優れない、イタリアへの渡航準備で忙しい、帰国した時は命が危ぶまれる状況だった等の事情はあるにしても、ここまで引いてしまうものであろうか。

こうした点をめぐっては、これまで、衆議院議長夫人、イタリア公使夫人、帰国後は男爵夫人にまでなったため、俊子は人民を裏切って転向した、などの非難が浴びせかけられてきた（関口 2014b:145-149）。とはいえ、「転向」云々は、主に敗戦・占領下での価値観の過去への投影に過ぎないであろう。

では、いったい何なのであろうか。私には、もはや後戻りできないところまで来た「維新」の方向への異議として——とりわけ、信行の場合、官か民か、民だとするならば、そのうちでどれなのだという強いられた選択を拒否して——社会の中で隠遁してしまったように思えるのである。そのツールは、禅による（自己への）没入であったのではないだろうか。坐禅によって、心を高大にし、現実を超越する、言い換えれば、この現実を遙か下方に見下ろせる我をつくる。同時に、信行の戦略に乗っていた俊子にも、改革の方向が見えなくなり、信行と手を取り合って「この世」から脱出してしまったように思えるのである。

終わりに——信行没後の俊子の生き方

信行を「長城居士」と仰ぐ俊子は、信行没後、独りになっても、病床で禅の道を究めていく。俊子の動静は、メディアである程度伝えられている。『女学雑誌』は一八九九（明治三十三）年一月「大磯だより」という欄を設け、俊子の文章を掲載し始めた。ついで、『報知新聞』が、「夫人の素顔　中島湘煙女史」（同年四月十六日〜五月四日）を九回にわたって掲載した（選集①所収）。年末には『女学雑誌』第五〇〇号（同年十一月二十五日）が、「中島湘煙女史談話」（選集②所収）を掲載している。これは、編集者の青柳有美（猛）が大磯の自宅を訪ねて記したものである。

ところが、「中島湘煙女史談話」では、「私《わし》も実は女が大嫌サ」、「一体女といふものには、少しも禅気がないからナ。女は皆な魔のさしてるものだよ」（選集②219）という、俊子の言葉を平然と載せている（関口2014b:114-115）。

俗世を超越したかのようなこの言葉が事実であるとするならば、かつてのような、女子教育を掲げて身を捨てて打って出た岸田俊子は、もういないと言わざるを得ない。また、こうしたことは、俊子自身、盟友・巌本善治を通じて深く関わった明治女学校の凋落とも関連していると思われる。その意味で、「女丈夫」岸田俊子は、決して敗北を認めることはなかったのだと言ってよいのかもしれない。

〈注〉

（1）以下、『湘煙選集』（不二出版、一九八五～八六年）のたとえば第一巻を「選集①」と略記し、その後に頁を記す。

（2）以下、拙著『良妻賢母主義から外れた人々――湘煙・らいてう・漱石』を（関口2014b）と略記し、関連する頁を記す。

（3）『植木枝盛集』第七巻、岩波書店、一九九〇年、二四五頁。

（4）ちなみに、植木の日記（一八七八年四月二十八日）には、午後三時半に高知を出港して、翌日十一時に神戸に着き、午後二時に大坂に到着したとある。

（5）小林丈広・高木博志・三枝暁子『京都の歴史を歩く』岩波書店、二〇一六年、三九頁。第二章高木博志執筆。

（6）相馬黒光『明治初期の三女性――中島湘煙・若松賤子・清水紫琴』厚生閣、一九四〇年、五八頁。

（7）西川祐子『花の妹――岸田俊子伝』新潮社、一八八六年、二一一頁を参照。

（8）横澤前掲書、三七五頁。

（9）小檜山前掲書、二一二頁。
（10）チャールズ・ディルク（Charles Dilke）。グラッドストーンの片腕とも言われ、一時名声が高かった。
（11）中積治子「横浜における禁酒運動――『横浜禁酒会雑誌』を中心に」武相の女性・民権とキリスト教研究会、町田市立自由民権資料館共編『武相の女性・民権とキリスト教』町田市教育委員会、二〇一六年。
（12）前掲『明治初期の三女性』、七七頁
（13）同前、五八頁。山田もと子にそう語り、だが、母が心配するのを恐れて、「たうたう母にさへ何も話さなかつたのだと述懐をした」という。
（14）町田市立自由民権資料館編『民権ブックス29　中島信行と俊子』町田市教育委員会、二〇一六年、二六～二七頁を参照。
（15）拙稿「演説する女たち（その二）――明治日本と「フォーセット夫人」」『未来』第三九九号、未来社、一九九九年十二月。
（16）横澤前掲書「年譜」。出典は「公」（国立公文書館蔵、公文録他）。
（17）俊子は、かつての行脚でピストルを携帯していた。前掲『報知新聞』「夫人の素顔　中島湘煙女子」九。また、「夫人となりてからは夜分決して独歩せず」ともある（選集①202）。
（18）前掲『民権ブックス29　中島信行と俊子』、二八頁を参照。
（19）大木基子・西川祐子「岸田俊子に関する新資料（四）」『社会科学論集』五三号、一九八七年、高知短期大学、二一三〇頁。

▼第四章

山川菊栄と「公娼全廃」

――『おんな二代の記』を中心に

はじめに

山川菊栄（一八九〇 - 一九八〇。森田、青山）は、自分について驚くほど語らない人間である。あたかも、問題は人々一般（とくに労働者「階級」、わけても女性）であり、〝自分のことなど〟重大ではない、関心もないかのように。

菊栄は、人々の前に登場した、始めからそうであった。あくまで、「自分」「個人」にこだわった──「個人」を拠点に世間に反旗を翻そうとした──『青鞜』の論者たちに対して、問題は、人間・女性一般、とくに、窮乏の中で生き抜かねばならない人々であり、なかでも、「女工」であり、さらには、売られて身を売る女たちなのだと、突きつけたのである。菊栄が、『青鞜』に投書して、その編輯発行人伊藤野枝に対して物申した「日本婦人の社会事業について伊藤野枝氏に与ふ」（『青鞜』第六巻一号、一九一六年一月）がそれである。

この『青鞜』への投書と、続く『新社会』（同年七月号）への寄稿（「公私娼の問題」）は、すでにこの頃、菊栄が公娼制に関してかなり明確な考えを持っていたことを窺《うかが》わせる。公娼制と菊栄の関わり、その軌跡を半自叙伝『おんな二代の記』[1]（『女二代の記』として一九五六年に刊行）を中心に探る。

1　新聞を読んでいた子ども――時代を証言する

山川菊栄は『おんな二代の記』で、母・千世の人生と自分の半生を描いた。この時、菊栄は、自分が当事者として証言することに自覚的であったと考えられる。

『おんな二代の記』は、「ははのころ」（明治前半）に続いて、「少女のころ」（明治後半。自分の子ども時代）、「大正にはいってから」（凡そ自分が成人してから）、次いで「昭和にはいってから」という章立てになっている。

「少女のころ」

「少女のころ」は、父・竜之助が「欧米各国巡回」から帰国した一八八九（明治二十二）年末に始まる。菊栄は翌年生まれたのである。そして、一九一二（明治四十五）年七月、天皇の死とともに明治が終わるところで「少女のころ」は幕を閉じる。その際、「ああ明治は終った、明日からは新しい日がくる、今までのあらゆるいやなことが一夜のうちにこの月の光に洗い去られて、明日からはすばらしく美しい、明るい日がくる〔後略〕」（一四九頁）という尋常でない歓びに満ちた文章で結ばれている。

これは、菊栄が二十一歳の頃のことであるが、この点を、菊栄は、本書の最後でも念を押す。「母の時代よりはだいぶよくなっていたはずの私の時代でも、女の歩く道はいたるところ袋小路で、のびる力をのばされず、くらやみを手さぐりで歩くようなもどかしさ、絶望的ないらだたしさ」（三一〇頁）を感じたという。そして、「明治はいい時代だった、すばらしかったとかいう人もありますが」、人類の黄金時代は未来にしかないと結ぶ。

つまり、明治とは、子ども・少女であった菊栄に、「あらゆるいやなこと」を体験させた時代だったのである。その一つに「娼妓」の問題がある。

娼妓の自由廃業、救世軍への暴行

娼妓・廃娼問題に関連して、菊栄は、「子供のころから新聞でよくみた娼妓の逃亡、自由廃業、業者と警察や有力者とのなれあい、自廃をたすける人々への暴力ざた」（一六七頁）をあげている。

菊栄の言う「子供のころから」とは、いったいいつ頃のことなのであろうか。森田家でとっていた新聞は、当初は『日本』（九八頁）、日露戦争の直前は『東京朝日』（一一〇頁）である。また、隣りに住む祖父・青山延寿のために『日本』、その後妻のために『中央』新聞がとられていた。[2] 菊栄は、さらに、行く先々で新聞を求めて読みあさっていた。

娼妓に関しては、救世軍が吉原に乗り込んで娼妓に廃業を訴え、業者側から暴行を受けた（『東京朝日』一九〇〇年八月七日「吉原の大格闘（救世軍と妓夫）」）のを機に、注目が集まる。なかでも、九月五日の救世軍等と貸座敷側との衝突（吉原遊廓、洲崎遊廓）は絵入りで報道された（『東京朝日』九月七日、本書六九頁参照）。

番町小学校（麹町）の森田菊栄（この頃「高等一年」）は、こうした記事に注目して動向を追っていたのではないかと考えられる。

高利貸しの来襲

新聞で目にする売り飛ばされる娘・娼妓の窮状は、じつは、自分たちにも紙一重で繋がっていた。父の事業熱による借金、それも、高利貸への借金が膨れあがり、しかも、父はほとんど家にいない。この「女子供」だけの家を高利貸しがねらって、脅しに来襲するのである。しかも、水戸学者の娘である母は、返済できないことを道徳問題と受けとめて、恥じて苦しむのが子供の目にもよくわかる。

ついに、家財の競売にいたる。夏のある日――「明治三十七年六月十五日」（一一二頁）より前のある日――父が不在で、姉も兄も留守の時に、「父の借財のために高利貸が家財の競売を行い、執吏と道具屋の群れがおしよせた」（一一一頁）。そこへ女学校から戻ってきた菊栄が遭遇したのである。ふすま障子ははずされ、家財道具は持ち去られた。おまけに、一人の男は、妹の「友仙ちりめんの晴着や緋ドンスの帯」を「これお嬢さんのでしょ?」と妹の前で見せびらかして、「よそじゃ若い娘がきものにしがみついて泣いて困らせる」のに「泣かずにみてら」と、うそぶいた。

この光景は、女が「借金のカタに取られる」「売り飛ばされる」一歩手前である。いうなれば、あと〝金目のもの〟と言えば女しかない。娘が三人いたから、高利貸しは値踏みしていたであろう。一歩まちがえれば、脅され・すかされ・騙されて「吉原に売り飛ばされる」ところである。――姉・

松栄が出て毅然として対応してくれなければ。

『おんな二代の記』には、「高利貸とはいったいどういう動物なのか」という言葉とともに、「誰もその手にのらず、竜之助も無事でしたが、もしこれがもっと無知な、もっと貧しい家庭であったなら、猛獣にしつこくねらわれたも同然なそのおどしに屈して、娘を売ったり、首をつったり、盗みをしたり、人を殺したりするようなところまで追いやられかねないとさえ思われました」（一四五頁）とある。

隣りの家（――祖父の後妻が住んでいた）に避難して「新聞をよみながら」家財の競売が終わるのを待っていた菊栄は、自分たちは、借金（「前借金」）のために娼妓に売られる少女たちとそれほど変わらない境遇にいると感じていたに違いない。一九〇五（明治三十八）年の年末には、「私の家はますます落ちめになる一方で、高利貸の督促はきびしく、月末の苦労、年末のあがきは加わるばかりでした」とある。

“高利貸しの時代”としての明治

菊栄は、あの「疲れた老人」（天皇）ではなく、「猛獣の放し飼いを思わせる高利貸」こそ、「『明治聖代』の『象徴』であり、元首でさえあったような気がする」（一四五～一四六頁）と言う。

たしかに、「明治」には、女性が恥辱にまみれた時代としての側面がある。女が（借金のカタに）売り飛ばされる時代である。「公娼」の登場で、男たちから見れば、女は手軽に「買える」もの（女は買うもの）になったのである。その背後では、女を「売り飛ばす」（借金のカタに取る）「高利貸し」が野放しになって暗躍していた。

子ども・少女の菊栄は、高利貸しが居丈高に脅して（騙して）、女を売り飛ばす、〝高利貸しの時代〟明治に心から怒っていたのである。

『青鞜』に投書

大人になった菊栄（青山菊栄）は、公娼制度を「こうした奴隷売買兼高利業を保護する政策」と呼んで、「婦人矯風会」に対する反発の表明にとどまる伊藤野枝にもの申したのである（「日本婦人の社会事業に就て伊藤野枝氏に与ふ」）。

そもそも菊栄は、津田英学塾に入った学期の終わり（一九〇八〈明治四十一〉年の暮れ）に、神田の救世軍本部でクリスマス・プレゼントや宣伝用のパンフレットを大八車に積み込んで、救世軍の山室軍平や河合道子とともに、江東押上の紡績工場に入ったことがあった。そこでは、一二時間の夜業を終えてやって来る青ざめて疲れ切った少女たちに対して、労働神聖という説教——「労働は神聖である。皆さんも主イエスのごとくよい労働者となり、日々ぶじで働かせて頂くことを感謝するならば、神はその祈りにこたえたも

女子英学塾の友人と青山菊栄（左）、1914年（山川菊栄記念会=写真提供）

うであろう、というような話」(一四〇頁)――がなされていた。菊栄はいう。「私はこの間、壇上にいたたまれないような思いで、恥と憤りで身体のふるえるのを感じました」。「この奴隷労働が神聖視されていいのか?」(同頁)。[3]

つまり、菊栄は、婦人矯風会や救世軍に問題があることは充分承知していたのである。だが、手を差し伸べるのが婦人矯風会やクリスチャンだけである現状で、どうしたらよいのかが菊栄にとっての課題だった。

言い換えれば、のちに菊栄が展開することになる、公娼廃止とは「無産階級婦人の人身権擁護の問題である」(「「婦人の特殊要求」について」)、公娼は全廃すべきである、ただし、それにとどまることなく、女性が性売買に頼らなくとも暮らしていけるように全般的な女性の地位の改善が必要である(公娼廃止期成同盟の宣言)という主張は、こうした体験からきているのである。

投書の『青鞜』への掲載の後、菊栄は、大杉栄に勧められるまま、約束の時間に野枝の家に会いに行った。だが、野枝は話に加わろうとさえしなかった。

私は、公娼は当然廃止すべきだと思わないか、あの公然の人身売買、業者の搾取を国家公認の制度としておくことを正しいと考えるか、その他聞きにかかると、野枝さんは、「私そんなこと調べたことないんですもの」と興味のなさそうな様子で、おかん徳利をもって立ってしまいました。(一六八頁)

「野枝様にお逢いしてひと通り話の済んだような形になっている」なかで、菊栄は、「更に論旨を明かにす」（『青鞜』第六巻第二号）を投稿する。

『新社会』に寄稿

半年後、菊栄は、「公私娼の問題」（「現代生活と売春婦」に改題）[4]を『新社会』（一九一六年七月号）に寄稿する。もっとも、これは、『新社会』の編集者・山川均――平民講演会の二月の例会で出会い、散会後警察に連行されると、「あそこへ入れて保護してくれるんですよ」と教えた人間（一七〇頁）――が、自宅まで原稿依頼に訪ねて来たことによる。じつはこの時、菊栄は、同誌六月号に掲載された、「私娼撲滅、公娼寛遇」という警視庁の新方針に対する堺利彦の反応（「公娼寛遇といふことが、娼妓の束縛を大いに寛大にするといふ意味ならばいささか結構」）に、「公娼を認めておいて「寛遇」するなどという政府の欺瞞政策、業者保護の口実を「結構」がることは恐ろしいこと」（一七八頁）と感じていたので、渡りに船であった。

菊栄は、「公娼は絶対に廃止すること、売春問題一般については婦人の経済的独立を認め、貧乏や失業や無知を根絶すること、人権じゅうりんである検梅も廃し、性病対策はスウェーデンのように国家の強制治療をとること」（同頁）を主張した。つまり、公娼廃止、経済的独立を目標にした全般的な女性の地位向上、検黴の廃止が菊栄の主な主張である。

具体的には、第一章で、公娼必要論者が掲げる論拠に逐一反論した。まず、「公娼制度によって私娼の跋扈を防ぎうる」かのように考えるのは、誤りである。「公娼制度は私娼の発生を妨げるよりも、むしろそれを扶《たす》けるものである。集娼制度についていえば、遊廓を中心として芸妓および密娼が跋扈する事実がこれを証明している」。

次に、公娼必要論者がいうように、「公娼が風俗の維持にあずかって力ある」かと言えば、逆である。「この制度は男子に自制的習慣の養成を不必要ならしめ、婦人を動物視し玩弄物視する」習慣を養わせる。その証拠には「遊廓付近、または遊廓のある土地ほど女子に対する軽侮が甚だしい」。公娼の存在は「かえって性的道徳を退廃させて、普通の男女関係までも堕落させる間接の原因になっている」。「要するに集娼たると散娼たるとを問わず、鑑札を与えて売淫を公然の生活手段とさせることは、一般の女性に対する観念を堕落せしめ、性道徳の弛廃を招く」。

また、公娼論者は、公娼は「衛生の見地より見て私娼に優る」というが、「これは検梅の効果を迷信する結果である」。「公私娼の梅毒が共に七〇パーセント」であるという研究結果が出ている。そもそも「真に検梅の有効を望むならば、ひとり娼婦のみならず遊客およびその妻妾をも検査すべきである」。「公娼は衛生においても私娼と優劣のないのみならず、かえって検梅によって安んじて人を近づかせるために、いっそう危険が多いのである」。なお、「売笑婦自身の立場から見ても、私娼よりも公娼の方が日常の生活も窮屈であり、廃業も困難である」。

さらに第二章では、売淫（性売買）が経済問題（貧困）と密接に関連していること、第三章では、たとえ「海外」「売笑婦」を厳重に取り締まったところで、内地でのそれ同様、「他に生活方法のない者は如何ともし難い」ことを論じた。なお、「与謝野晶子氏は売淫を未婚男子の特権として許可し、既婚者にしてこれを犯す者は姓名を公表せよと主張された」が、未婚男子に鑑札でも与えておくということなのかと皮肉った。

菊栄は、根本的には売淫制度は「富の懸隔と婦人の屈従」を基礎としている以上、その根絶は「経済革命と婦人解放とによるほかない」と言明した。この点で、「社会の廓清」に期待する「一部人士」とは異なることを明確にしたのである。そのうえで、「公娼」という形で、「進んで政府の保護事業として、人為的に繁栄を図る必要までありとするのか」と、問うたのである。

以上のように、菊栄は、「公私娼の問題」で、公娼必要論者がかざす論拠を逐一批判した。同時に、「社会の廓清」に期待する「一部人士」を批判して、「売淫」の「根絶」のためには「経済革命と婦人解放」が不可欠であると表明したのである。

同じ号の「編集者より」（堺利彦）には、「山川君の売淫制度論をのせるはずでしたが同じ題目に関する青山菊栄君の長編がきたので山川君のはヤメにしました」とある（一七八頁）。どうやら、掲載されなかった山川均の論考は菊栄のものとそう違わなかったようだ。均は、かつて「自分こそイエスの真実の使徒であるとさえ信じていた[5]」クリスチャンであったし、『二六新報』の守田有秋《ゆうしゅう》（文治）とは長年の知己であったから[6]、公娼問題についてある程度理解していたとみられる。菊栄は、「新しい女」には出会わなかったとしても、「新しい男」（公娼制から自由な男）には出会ったようなのである。

2　当事者として証言する

その後、菊栄は、一方で、婦人矯風会を軸として広く女性団体が集まった公娼廃止期成同盟の結成に関わり、他方では、来たるべき無産政党の綱領に「公娼制度の全廃」等の「婦人の特殊要求」を入れることを主張し、論戦に加わる。

公娼廃止期成同盟の宣言を起草

一九二三（大正十二）年九月一日の関東大震災で吉原遊廓は灰になり、その際、膨大な数の娼妓等が死亡した。吉原の再建を許さず、全国的にも廃娼の断行を政府に要望しようということで協議がまとまり、十一月、「全国公娼廃止期成同盟会」（公娼廃止期成同盟）が結成された。

公娼廃止期成同盟の結成は、「公娼廃止」がクリスチャンと婦人矯風会だけの課題ではなく、広く市民レベルの課題となる方向へ大きく踏み出したことを意味する。[7]

その際には、矯風会のある判断がきっかけとなった。関東大震災で外国の婦人団体から大量の衣料品を贈られた矯風会は、一団体の私すべきものではないとして、諸婦人団体に呼びかけた。これを受けてさまざまな団体が協働して分配することになり、それを機に、大同団結組織・東京連合婦人会が成立したのである。[8]全関西婦人連合会に相当するものが東京方面でも動き出したと言ってよい。

この東京連合婦人会から、一方では、参政権をめざす諸団体が集まって政治部をつくり、これがのちに独立して市川房枝、山高しげりを中心とする婦選獲得同盟となる。[9] 他方では、公娼廃止期成同盟になるのである（二六六頁）。

菊栄は同盟の委員となって、宣言を起草した。

三宅やす子さんもこの仕事には非常に熱心で、進んで私とともに委員にとなり、私はその宣言を起草しました。（二六六頁）

高女卒業時の写真。右から加藤やす子、青山菊栄、三宅よし、1907年（山川菊栄記念会=写真提供）

三宅やす子は、菊栄の番町小学校の同級生である。当時は「加藤やす子」で、父は（明治天皇の侍講・東大初代綜理等を務めた）加藤弘之の兄で、師範学校の校長をしていた。[10] このクラスから同じ女学校（府立第二高女）に進んだ四人のうちの一人でもある（一〇五頁）。おそらく、番町小学校の「高等一年」の頃、娼妓の自由廃業事件に注目していたのは、菊栄一人ではなかったのである。そして、このやす子の存在が、「社会主義者」山川菊栄が公娼廃止期成同盟の宣言（「国民に訴ふ　公娼の全廃に就て」）を起草することを可能にしたことは想像に難くない。

菊栄が起草した宣言の一部には次のようにある。目標は「公娼の全廃」であるが、それにとどまることなく、女性が性売買に頼らなくとも暮らしていけるように、全般的な女性の地位改善に尽力することを明記している。

もとより私共は公娼の全廃をもって、より複雑な、より広大な一般売笑問題の解決と同視するものではありません。私共は単なる公娼全廃に満足せず、進んで一般婦人の地位改善によって売笑婦の発生を防止するために女子教育の改善、婦人の職業的訓練の普及、失業救済、労働条件の改善、婦人及び児童保護の社会的施設等を認め、公娼全廃の運動と同時に、それらの方面の仕事にもある限りの力をつくす手筈をととのえております。（二六六頁）

ただし、「これより、二、三年後、福本イズムがはやりだすとともに、この仕事までが「大衆の中への溺死《できし》だ」といわれて、その一派のはげしい攻撃をうけ」（同頁）たという。これは、次にみる無産政党の綱領をめぐる激しい争いと関係する。

無産政党の綱領と「公娼制度の全廃」（「婦人の特殊要求」について）

一九二五（大正十四）年、普選（男子普通選挙）に備えて「無産階級」が独自の政治勢力として登場するために、「無産政党組織準備委員会」が八月に大阪で成立し、各団体から行動綱領の草案が提出された（二七二頁）。

ところが、女性の問題に関しては、右派的な総同盟（日本労働総同盟）の提案に「婦人の社会的地位の向上」という漠然とした項目があるだけで、左派的といわれる労働組合評議会や政治研究会の草案（しかも、できるだけ具体的に細かい項目をあげるということであった）の中にそれらしきものがない。そこで、女性に関わる項目を綱領に入れることを提起することにした。なお、菊栄と均は、関東大震災ののち関西（須磨の西の垂水《たるみ》海岸）へ移っており、この頃は神戸で暮らしていた。

大いに失望した私は、無産政党の綱領の中に婦人の要求項目をいれることを、自分の属した政治研究会神戸支部婦人部に提議し、そこでこの案を採択して政研本部の婦人部に対して綱領草案の修正を提議しました。（二七二頁）

その修正とは、「公娼制度の廃止」を含む次の六項目を加えることだった（同頁）。

一　戸主制度の廃止、一切の男女不平等法律の廃止
二　教育と職業の機会均等
三　公娼制度の廃止

四　標準生活賃金（最低賃金）制定の要求については性及び民族（朝鮮人、台湾人）をとわず、一律の最低額を要求すること
五　同一労働に対する男女同一賃金率
六　母性保護（産前産後の保護、妊婦の解雇禁止その他）

ところが、公娼廃止の件だけは賛否半ばして未決定、他は「反マルクス主義」だから否決したという返事が来る。

婦人部に対するこの提案は、政治研究会や組合評議会の最高幹部の中の旧共産党員、佐野学、徳田球一、杉浦啓一等の諸氏の間で問題となり、公娼廃止の件だけは賛否半ばして未決定だが、他はすべて反マルクス主義だから否決したという返事があり、野坂竜氏以下婦人部員もこれにならって同じく全面的に否決したという報告がありました。（二七三頁）

なかでも、同一賃金の要求は、「女権主義」で「反マルクス主義」だと非難された。なぜ「反マルクス主義」かというと、佐野らの見解では、「女子や朝鮮人は男子や日本人より生活費が安くてすむ。マルクスは、賃金は生活費によって決定するといっている。だから、生活費の安い女子や朝鮮人に、しごとがおなじだからといって日本人男子と同等の賃金は払うのは反マルクス主義だ[11]」ということ

だった。しかも、菊栄や均に近い人々すら、「反マルクス主義」だと信じ込んでいた。

その後まもなく渡辺政之輔氏が東京から来てこの事件について話し合うと、同氏も右の諸項を反マルクス主義で問題にならないものと信じていたらしいのが、山川からそのでたらめなことを指摘されて非常に驚いた様子で帰り、（同頁）

今度は一斉に一八〇度方向転回する。

まもなくこんどは右諸氏の意見が百八十度転回して全面的承認と変り、それとともに婦人部も全面的承認と変ったと知らせて来ました。

政研（政治研究会）婦人部が修正案を提出し、これを支持する菊栄の論考「「婦人の特殊要求」について」[12]が『報知新聞』（一九二五年十月五～十六日）に掲載された。

菊栄は、まず初めに、婦人は、「現在の社会では、男子と異る特殊の被圧迫者の集団を形成してゐる」、「いふまでもなく、婦人は一つの経済的階級として存在するものではないが、政治的、社会的に平等の権利を剥奪されてゐる点では、各階級の婦人が共通の特殊利害をもつてゐる」とする。にもかかわらず、各団体の行動綱領すべてにおいてこの問題に関する考慮が欠けていた（こうした婦人の「特殊利害」を代表する項目が十分提示されていない）ことは「甚だ遺憾」であったが、最近、政治研究会婦人部からこの欠点を補うために修正意見が提出されたとして、その修正案（「公娼制度の全廃」を含む八項目の追加）を逐条的に論評する。

一、戸主制度の撤廃
二、婚否を問はず女子を無能力とする一切の法律を撤廃すること、婚姻及び離婚に於ける男女の権利義務を同等ならしむること
三、全ての教育機関及び職業に対する女子並びに植民地民族の権利を内地男子と同等ならしむること
四、民族及び性別を問はざる標準生活賃銀の実施（圏点の句、原案にはなし）
五、業務を問はず、男女及び植民地民族に共通の賃銀及び俸給の原則を確立すること
六、乳児を有する労働婦人（職業婦人をも含む）のためには休憩室を提供し、三時間毎に三十分以上の授乳時間を与ふること
七、結婚、妊娠、分娩のために婦人を解雇することを禁ずること
八、公娼制度の全廃

最後の「公娼制度の全廃」に関しては、次のようにいう。

公娼廃止問題は、「矯風会一派のセンチメンタルな人道主義者の多年主張し来つた所であるがた

めに、たゞそれだけの理由を以て」何の考慮もせずに葬り去ろうとする傾向があるが、この問題は、「本質的には無産階級婦人の人身権擁護の問題であり、売淫を国家公認の営業とすることの是非の問題」である。

日本労働組合評議会の行動綱領の中には、「人身売買、親方制度その他の野蛮なる労働制度の廃止」という項目が掲げられているが、日本の公娼制度はある程度までこの内容に該当する。ただし、労働の強制に対して売淫の強制である。「監獄部屋の労働を非としながら、監獄部屋の売淫を是とする如何なる理由を見出すことが出来ようか」。のみならず、公娼の場合には、「最大の人権蹂躪」である強制検黴を伴っている。「公衆衛生の見地からこれが必要を信ずる者は、進んで男子にも強制検黴を行ふことを主張せねばならぬ。女子が男子に病毒を感染させることが、公衆衛生上危険であるならば、男子が女子に感染させることも等しく危険でなけでばならぬ」。「売笑婦に行ふ以上は、その顧客にも行はねばならぬ」。

そもそも、公衆衛生の見地からこの問題を論ずることは本来的外れである。更にまた、秘密に存在する売淫制度が、公娼廃止の後も解決し難い問題として残るということも、この問題とは直接関係がない。なお、婦人部提案の「公娼全廃」とは、いわゆる「公娼」の廃止を意味するにとどまらず、強制検黴を施し、鑑札を与えて、売淫を国家公認の営業として認可する制度の廃止を意味するもので、集娼制度、散娼制度を問わず、したがっていわゆる「私娼」も含むものとすると主張した。

なお、こうした「「婦人の特殊要求」は、ＩＬＯも、第二、第三インターも、みな認めている世界共通のものといってよく」（二七三頁）と菊栄は指摘するにとどまるが、この過程を経てはじめて、「婦人の特殊要求」、つまり、女性労働者の要求が「無産階級」の要求としての位置を占めるにいたったのである。その後林立することになる「婦人同盟」は、ともかくも、こぞってこうした要求を掲げている。

一九二七（昭和二）年には、左の労働農民党系の無産婦人同盟、日労党系の全国婦人同盟、社会民衆党系の社会民衆婦人同盟が成立し、これらは婦人参政権、戸主制度の撤廃、一切の不平等法律の撤廃、母性保護等同じようなスローガンをかかげ、同じような行動をしていたので、当然合同すべき運命にあったものでした。(13)

以上は、無産政党の綱領における「婦人の特殊要求」をめぐる論争であるが、労働組合の方面でも、評議会（労働組合評議会）への「婦人部」の設置をめぐって同様の論争が起こっており、二つの過程が並行して進行していた。

労働組合評議会の婦人部設置（「婦人部テーゼ」）

一九二五（大正十四）年四月の総同盟（日本労働総同盟）の大会で、総本部に婦人部をおく件が可決されたが、大会で総同盟が分裂し、左派が労働組合評議会として独立した。その創立大会において、婦人部設置の件が翌年にもちこされた。

組織部長三田村四郎の責任で、一九二五年十月中旬、全国婦人部協議会が大阪で開かれた。

そのとき、表面三田村氏が起草委員となり、婦人テーゼをつくるというので、同氏の依頼により その草案を私が執筆しました。(二七四頁)

菊栄の草案は、「婦人労働者に対するわれわれの方針」の題で、第二条「運動の方法」で、「女子労働者としての特殊な日常当面の要求条項」七項目を挙げるものであった(同頁)。

イ　婦人の八時間労働制確立
ロ　婦人の夜業、残業、及び有害作業の廃止
ハ　寄宿舎制度の撤廃、並びに(暫定的には)現存寄宿舎の労働組合による管理
ニ　強制貯金制度の廃止
ホ　性による賃金差別の撤廃
ヘ　産前産後各八週間の休養、その期間の賃金全額支払
ト　乳児を有する母親には三時間毎に三十分以上の授乳期間を与えること

「この草案は右の協議会で無修正で採決され、後に中央委員会の承認を得、中央委員長の名で印刷配布され」た（二七五頁）。

ところがまもなくこのテーゼの起草委員たる三田村氏自身、たちまち婦人部有害論に変り翌年三月の大会では山本懸蔵、杉浦啓一等の勇士の面々も先頭に立って婦人部設置に反対するとともに、婦人指導者も自分たちで決定した方針をすて、自分の首をしめるような廃止論に無条件で追随し、一九二六年、評議会は総本部に婦人部をおくかわりにそれを廃止してしまいました。（二七五頁）

なお、評議会の第二回大会（一九二六〔大正十五〕年）で三田村が豹変したことは、佐野学が、『婦人公論』（一九二五年十一月号）で、「婦人同盟」は、本来性別団体を否定するコミンテルンの原則にそむくから組織すべきでないという見解を発表したこととも関係している。「婦人同盟」とは、無産政党ができても結社権のない女性は取り残されることから政党婦人部の代わりとして唱えられていたものである。菊栄は、これが看板倒れになることを恐れて、組合に婦人部をつくるところから徐々に積み上げていくように提起したのであり、「大阪で開かれた組合評議会の全国婦人協議会でもそういう意見に傾き、その基礎的な第一歩として婦人部テーゼを可決した」（二八八頁）のであった。ところが、婦人部設置への反発は極めて強く、評議会の第二回大会では、組合婦人部は廃止して、その代わりに「婦人同盟」を起こすべきだという説さえ唱えられた。婦人部設置を焦点とした錯綜した論争を菊栄はこうまとめる。

翌十五年四月、評議会の大会では、前年自分が主になって婦人部の活動方針を決めた三田村氏をはじめ、杉浦啓一、山本懸蔵その他の指導者から、組合婦人部を廃止し、その代りに婦人同盟を起すべきだという、正反対の説が唱えられました。(二八八頁)

こうした論争がおよそ二年にわたって続く。一九二七年、菊栄と均の共著で、論争の概要を『無産者運動と婦人の問題』(白揚社)として発表した。同じ年の十二月、均らは、月刊『労農』を創刊した。菊栄らは、その附録として『労農婦人版』を発行する。

終わりに

以上のように、菊栄は、小学生の頃から、娼妓の逃亡、自由廃業をたすける人々への暴力沙汰等を新聞で目にしており、公娼という制度や、高利貸しの暗躍に怒っていた。同時に、「公娼廃止」という信念をもつにいたっていた。女学校(府立第二高女)、女子英学塾を経て、『青鞜』への投書をもって菊栄の言論活動が始まる。それは、「公娼」にあいまいな態度をとる伊藤野枝への批判であった。次いで『新社会』に寄稿し、公娼必要論への逐条的な批判を展開し、公娼と貧困、私有財産制との関係について論じた。さらに、「社会主義者」になってからは、公娼廃止期成同盟の宣言を起草し、また、無産政党の綱領に「公娼制度の全廃」等の「婦人の特殊要求」を入れることを提起した。菊栄の活動は、クリスチャン・婦人矯風会が担ってきた「公娼廃止」の主張を、より広く、市民や「無産階級」に広げていくことを意味していた。言い換えれば、クリスチャン・婦人矯風会が担い、同時に、そこに封じ込められていた枠を突破していくものであった。

だが、こうした菊栄の活動は、一方での大弾圧、他方での無産者運動・組合運動の混乱のために、一九三〇年代にはほぼできなくなる。

菊栄が、事実上の「公娼」の廃止を視野に実践活動に乗り出すのは、じつに、一九四七年九月一日、片山哲社会党内閣下、発足した労働省で新設された婦人少年局の局長を引き受けた時（五六歳）なのである。

〈注〉

（1）『おんな二代の記』平凡社・東洋文庫、一九七二年。以下、同書の頁を本文中に記す。

（2）インタヴュー「山川菊栄氏に聞く」『歴史評論』一九七八年三月。山川菊栄『日本婦人運動小史』大和書房、一九七九年、二〇八頁。

（3）この点に関しては、当時の論考「労働者階級の姉妹へ」（『日本評論』一九一九年二月）で生々しく語られている。「私の胸はかきむしられるように感じた」「私は胸を圧《お》しつけられるように感じた」「話半ばに私は幾度席を立上ろうとしたことだろう?」「私は彼らに詫《わ》びたかった、私は彼らの前に平伏したかった、――何故なら私は、私たちは彼らを汚している、彼らを欺いている、彼らを踏み躙《にじ》っているという良心の苛藉《かしゃく》に堪えなかったから――」。鈴木裕子編『山川菊栄評論集』岩波書店、一九九〇年、所収。

(4) 同前。

(5) 山川均「内村鑑三と私」(一九五四年六月稿)。『山川均全集』第一八巻、勁草書房、一九九七年、一九四~一九五頁。

(6) 一九〇〇年三月、山川と守田でささやかな月刊誌『青年の福音』を創刊したが、第三号掲載の短文「人生の大惨劇」(守田執筆)が「御慶事」(皇太子の結婚)を暗に批判したとして、十代の二人とも不敬罪に問われて、重禁錮三年六カ月に課せられた(『おんな二代の記』、一〇〇頁を参照)。出所後、守田は『二六新報』の記者をしていた。

(7) なお、一九一一年四月に吉原が全焼した時には、婦人矯風会が再建反対・吉原全廃の大運動を起こすが、実現させることはできなかった。そこから、七月に廃娼運動の全国組織として「廓清会」が結成された。

(8)「私の運動史――歩き始めの頃」(『月刊　社会党』一九六三年七~十二月号)、外崎光広・岡部雅子編『山川菊栄の航跡――「私の運動史」と著作目録』ドメス出版、一九七九年、六二頁。

(9) また、久布白落実が婦選獲得同盟の総務理事になる。

(10) 前掲『日本婦人運動小史』、二〇一頁。

(11) 前掲『山川菊栄の航跡』、六八頁。

(12) 丸岡秀子編『日本婦人問題資料集成』第八巻　思潮(上)、ドメス出版、一九七六年、所収。

(13) 前掲『日本婦人運動小史』、一四五頁。

あとがき

本書は、思想史・女性史を研究してきた筆者の論文・講演集である。同時に、関係者をはじめ、多くの方々との交流がなければ成立しなかったものである。

二〇一五年の夏から秋にかけていくつかの講演や発表の機会をいただき、発表のための草稿や発表後の論集編纂過程での論考が、本書の各論考の土台となっている。つまり、これらに大幅に加筆・修正、あるいは削除・改稿したものが本書の各論考である。関係者の方々のご努力に心から感謝したい。

第一章は、二〇一五年度日本政治学会研究大会でのパネル「政治学研究は何を語ってこなかったか――フェミニズムの視座を踏まえて」（十月十一日）での報告（「『新しい男』をめぐる攻防――公娼制存続と、二〇世紀初頭の日本における夫の『姦通』『貞操』問題の浮上」）を元に、大幅に加筆・修正・改稿したものである。

ただし、当初は、「『新しい男』をめぐる攻防――二〇世紀初頭の日本における夫の『姦通』『貞操』問題の浮上」という題で、主に、「男子貞操義務判決」などを、「二〇世紀初頭の日本における男性セクシュアリティの再考」として見直すつもりであった。ところが、この「男子貞操義務判決」は、どうやら、〝事の半分〟にすぎないのではないか、つまり、夫の「貞操」を仰々しく問題にするなら、どうして公娼制に関して語らないのだろうかという疑問が抑えがたくなり、やはり、公娼制から全体像を論じるなかで、この判決の位置も明らかになると思うにいたった。同時に、これまで公娼制に関する歴史学でのさまざまな研究成果を学んできたが、それぞれの論争は結局どういう結論になったのか、また、一つの議論と他の議論とはどういう関係になるのか、さらに、この間のめざましい研究の進展を踏まえるとどのような結論になるのか等々が以前から気にかかっていたので、この機会に全体を見通すことにした。同時にそれは、自身の修士論文（一九九八年末提出）を現在の目で見直す作業でもあった。

第二章は、佐々城豊寿について書き始めた頃、第六六回キリスト教史学会大会で行なわれたシンポジウム「近代日本のキリスト教「女子教育」再考」（二〇一五年九月十八日）のコメンテーターに呼んでいただき、それを励みに書き進めた拙稿「雌鳥よ、夜明けを告げるな――佐々城豊寿と初期廃娼運動が直面した困難」が元になっている。これに加筆・修正・改稿して、同時に、第一章、及び、拙稿「近代日本の「新しい男」――「幸福なる家庭《スウィート・ホーム》」をめざして」（キリスト教史学会編『近代日本のキリスト教と女子教育』二〇一六年八月、所収）と重なる部分を省いた。

第三章は、町田市立自由民権資料館の二〇一五年第一回特別展「中島信行と俊子～自由をつむいだ夫婦の肖像」の企画の一環として行なった、俊子に関する講演（八月二十三日）が元になっている。

講演をまとめたものが『民権ブックス29　中島信行と俊子』（町田市教育委員会、二〇一六年三月）に収録されたので、このとくに後半を大幅に加筆・修正・改稿し、同時に、第一章と重なる部分を省いた。

第四章は、二〇一五年十一月三日に開催された「山川菊栄生誕一二五周年記念シンポジウム」の一環として行なった講演が元になっている。その記録集『山川菊栄が描いた歴史——山川菊栄生誕一二五周年記念シンポジウム記録集』（山川菊栄記念会、二〇一六年一月）に収録された拙稿を元に、このとくに後半を大幅に加筆・修正・改稿し、同時に、第一章と重なる部分を省いた。

以上のようなさまざまな機会に恵まれたことは幸運であったが、白澤社の編集者吉田朋子さんが、拙稿「近代日本における公娼制の政治過程」を読んで「本にしましょう」と言ってくれなければ、本書が世に出ることはなかった。厳しい出版事情のなか、『管野スガ——婦人矯風会から大逆事件へ』以来の吉田さんの心意気に心から感謝したい。

二〇一六年八月

関口すみ子

人名索引

《著者紹介》

関口すみ子（せきぐち すみこ）

東京大学大学院法学政治学研究科博士課程修了、博士（法学）。法政大学元教授、専攻、ジェンダー史・思想史。

著書は、『御一新とジェンダー――荻生徂徠から教育勅語まで』（東京大学出版会、サントリー学芸賞〔2005 年〕受賞）、『大江戸の姫さま――ペットからお輿入れまで』（角川選書）、『国民道徳とジェンダー――福沢諭吉・井上哲次郎・和辻哲郎』（東京大学出版会）、『管野スガ再考――婦人矯風会から大逆事件へ』（白澤社）、『良妻賢母主義から外れた人々――湘煙・らいてう・漱石』（みすず書房）など。

近代《きんだい》日本《にほん》公娼制《こうしょうせい》の政治《せいじ》過程《かてい》
――「新《あたら》しい男《おとこ》」をめぐる攻防《こうぼう》・佐々城豊寿《ささきとよじゅ》・岸田俊子《きしだとしこ》・山川菊栄《やまかわきくえ》

2016 年 9 月 30 日　第一版第一刷発行

著　者　関口すみ子
発行者　吉田朋子
発　行　有限会社 白澤社《はくたくしゃ》
〒 112-0014　東京都文京区関口 1-29-6　松崎ビル 2F
電話 03-5155-2615 ／ FAX 03-5155-2616 ／ E-mail : hakutaku@nifty.com
発　売　株式会社 現代書館
〒 102-0072　東京都千代田区飯田橋 3-2-5
電話 03-3221-1321 ㈹／ FAX 03-3262-5906

装　幀　装丁屋 KICHIBE ／カバーイラスト=たつみなつこ
印　刷　モリモト印刷株式会社
製　本　株式会社越後堂製本
用　紙　株式会社市瀬

 ISBN978-4-7684-7963-6

白澤社《はくたくしゃ》　刊行図書のご案内

発行・白澤社　発売・現代書館

白澤社の本は、全国の主要書店・オンライン書店でお求めになれます。店頭に在庫がない場合でも書店にお申し込みいただければ取り寄せることができます。

〈フェミニズム的転回叢書〉

女性の権利を擁護する

——メアリ・ウルストンクラフトの挑戦

梅垣千尋　著

定価2,200円＋税
四六判並製、240頁

フランス革命の衝撃がひろがる英国で、保守陣営と果敢に論争する女性論客として一躍有名になったメアリ・ウルストンクラフト。彼女がわずか3カ月で書きあげたという義憤と希望の書『女性の権利の擁護』は、今やフェミニズムの古典の筆頭にあげられる。メアリは何に挑んだのか。思想史研究者が丹念に読み解く。

管野スガ再考

——婦人矯風会から大逆事件へ

関口すみ子　著

定価2,500円＋税
四六判上製、256頁

「妖婦」なのか、同志への裏切り者なのか、泰然として処刑された「革命家」なのか…。女性記者の草分けであり、女権拡張の論陣を張り、大逆事件で幸徳秋水らとともに処刑された唯一の女性、管野スガ。処刑から百年余後のいま、これまでの毀誉褒貶さまざまな表象をていねいに検証。「妖婦」像を一掃し、改めてスガの実像に迫る。

「慰安婦」問題の本質

——公娼制度と日本人「慰安婦」の不可視化

藤目ゆき　著

定価2,000円＋税
四六判並製、208頁

公娼制度、廃娼運動、米軍基地周辺の性犯罪などの近現代史研究家である著者が、「慰安婦」問題を否定する言動の誤謬と、対抗言説の陥穽を鋭く指摘。近代公娼制度以降の性をめぐる歴史の視点から、なぜいまだに「慰安婦」問題を解決できないのか、なぜ日本人「慰安婦」は名乗り出ないのかに焦点をあて、問題の本質に迫る。